保険学講義

堀田一吉

Kazuyoshi Hotta

慶應義塾大学出版会

はじめに

　1996年に新しい保険業法が施行されてから四半世紀が過ぎて、保険業界を取り巻く環境は激変した。本格的な保険自由化が導入され、自由競争が始まると、保険業界は、戦後の護送船団体制から脱却して、多様な業界再編が進んだ。また、1990年代初頭のバブル経済の崩壊により、日本経済は「失われた20年」に苦悩し、多くの保険会社が経営破綻に陥り、また、生き残りをかけた業界再編が進んだ。

　保険をめぐる環境変化が進むなかで、学問としての保険学は、むしろその重要性が高まったと言える。さまざまな保険現象を解明するうえで、保険理論が求められ、また保険理論も、現象に対する本質的解明に積極的なアプローチを求められるようになったのである。

　保険理論としては、大きく変わることはないが、この間の業界変化を、あらためて保険理論を通して整理することが必要であろう。本書は、伝統的保険学の理論的枠組みを踏襲しながら、新しい学問の成果を取り入れつつ、保険学の体系化を図ったものである。

　保険学は、「保険を学ぶ」学問であると同時に、「保険で学ぶ」学問である。保険がどのような理論に基づいて社会経済の中でどのような役割を果たしているかを理解するためには、保険自体を深く理解することが必要である。しかし、目的をそこで留めてはならない。保険を学びながら、保険で社会の動きを学ぶことが重要である。それこそが保険学を学ぶことの意義である。

　私が慶應義塾大学商学部に就職してから30年以上が経ち、そろそろ定年を意識するようになった。そこで、保険学の講義で私が論じてきた内容をまと

めておこうと考えたのである。保険学のテキストは、これまで数多く出版されてきたが、自分の授業では、それらをそのまま利用したことはない。自分の講義内容に合わせて部分的に参照したが、実際の授業では、独自の構成に基づいて講義を行っている。本書は、授業ノートを再構成して、最初から書き下ろしたものである。受講生からの質疑応答を反映させ、試行錯誤を繰り返しながら到達した境地とも言える。

　本書の構成は以下のとおりである。まず、第1章「学問としての保険学」で、保険学の生成ならびに発展過程を見ながら、学問としての保険学の体系を整理する。そのうえで、近年密接な関係を見せている、リスクマネジメント論や金融論との関係を示すことで、保険学の相対的位置づけを明らかにする。第2章「保険の歴史」では、日本の保険業発展において偉大な功労者である福澤諭吉の功績を辿りながら、保険業の歴史的潮流とその必然性を探ることにする。さらに近代的保険が、資本主義経済の成長とともに現代社会に浸透してきたことを確認する。第3章「保険の理論」では、保険が基礎とする理論と諸機能について論じている。とくにリスクと保険の関係を踏まえて、効率性と公平性の観点から、保険が安定的かつ合理的に機能するうえでの理論的基盤を明らかにする。

　第4章「保険の特性」では、保険の特性を一般財と比較しながら考察する。そして、保険加入の合理性について主要な経済学理論を援用して説明する。さらに、保険に付随する現象としての逆選択やモラルハザードを取り上げて、その本質を理解する。第5章「保険の構造」では、保険の構造的特徴を解説する。ここで述べられている事柄は専門的内容ではあるが、保険を正しく理解するうえで避けて通ることのできないものである。生命保険と損害保険、さらには社会保険との比較考察を通じて、それぞれ固有の構造や理念を有していることを把握してほしい。第6章「保険と金融」では、保険の金融的機能を取り上げる。経済的保障機能と金融機能は保険の二大機能であるが、近年、金融機能の位置づけが高まっている。他方、金融環境の著しい変化の中で、保険会社にとって金融リスク管理の重要性が大きくなっており、財務健全性の確保のためのさまざまな取り組みが進められている。

第7章「保険と経営」では、組織論的あるいは経営論的観点から保険業を考察する。近年、保険自由化が進展するなかで最も大きく変化しているのが、販売チャネルの多様化である。それぞれの販売チャネルには独自の特徴があることから、保険業界にとって、それらを踏まえた革新的なビジネスモデルをいかに構築するかが大きな課題となっている。続く第8章「保険と市場」では、わが国の保険市場の現状と課題について取り上げる。保険市場では、伝統的な保険システムに加えて、保険市場と資本市場が融合した代替的リスク移転（ART）などの新しいシステムが登場している。さらには、保険自由化に伴って、わが国の保険市場が大きな構造変化を起こしていることを概観する。

　そして第9章「保険と政策」では、保険政策の意義や必要性に論及している。とくに保険自由化によって、従来までの保険政策からの大転換が行われ、さまざまな制度が導入され、契約者保護に対する考え方も大きく変わってきた。国民生活に深く浸透し保険機能を高めるためには、保険政策のあり方が非常に重要である。最終章の第10章「保険の将来」では、保険業を取り巻くいくつかの課題について取り上げて論じている。まさに保険の将来は、環境変化とともに多くの課題に直面していることを認識していただきたい。

　本書は、次のような特徴を有している。第1に、全体構成をできるだけわかりやすくなるよう配慮したことである。「保険の歴史」から始まって「保険の理論」、「保険の特性」、「保険の構造」のように、あえて章のタイトルを単純化することで、各章の目的を明確にしたいと考えた。したがって、各章に論及すべき内容がうまく収まるように工夫をしている。

　第2に、本書は、単に用語や事象の解説にとどまることなく、その意義や背景要因にまで言及している。保険は、社会経済の動きに対応し、少しずつ形を変えながら、現在に至っている。現在の保険に至るまでには、保険の概念も、少しずつ変化しているのである。本書はテキストとしてだけでなく、現象に対する著者の見解や評価も加えられており、論文としての性格も十分に併せ持っている。

第3に、社会科学としての基本となるべき歴史、理論、政策の3つを踏まえた内容となっていることである。保険理論のみならず、保険現象もまた、歴史の過程を受け継いで存在する歴史現象である。現在見られる現象について、単に一時点のものとしてだけでなく、現在に至るまでの経緯を辿り、また、将来に対する課題や展望についても可能な限り論及しようと試みている。そこには、保険学が受け継いできた伝統的学問手法を後世に伝えたいという意図がある。

　本書の誕生には、実に多くの時間の浪費があった。かれこれ10年ほど前に、教科書執筆の打診を受けながら、さまざまな雑務に追われることを言い訳にして、なかなか手を付けられないまま月日が過ぎてしまった。昨年、還暦を迎えて、これを機に一念発起、執筆に取り掛かったが、いったん執筆を始めると、これまでの思考の隙間を埋めるような作業となった。それと同時に、これまで私自身が取り組んできた保険学研究を振り返るよい機会となった。本書は、保険学徒の一人として長年にわたって保険学を研究対象としてきた私から、これから保険学を学ぼうとする人々へのメッセージでもある。初めて保険学に触れた人にもわかりやすいように、できるだけ丁寧な記述に努めたつもりである。

　最後に、慶應義塾大学出版会出版部の木内鉄也氏には、本書の編集に関わる煩雑な作業すべてを懇切丁寧に処理していただきました。木内氏には、本書の企画段階からさまざまに相談に乗っていただき、全体構成や記述内容、文章表現に至るまで、読者の立場から率直かつ有益な助言をいただきました。記して深く感謝を申し上げます。

2021年2月　人類のコロナショック克服を祈りつつ

堀田　一吉

目　次

第1章
学問としての保険学

<〈本章のねらい〉

　保険学は、多くの学問の成果を取り入れながら、独自の学問領域を築いてきた。同時に、社会経済の発展に伴って新たに登場するリスクに対して保険が誕生し、さまざまな機能を担ってきた。そうしたさまざまな保険現象に対して、保険学は理論的基盤を提供し、その現象にある本質を解明して、新たな方向性を見出すという重要な役割を果たしてきた。本章では、保険学の学問体系を整理して、とりわけリスクマネジメント論との関係性を明らかにする。さらに、保険学で用いられる基本用語を理解したうえで、保険学を学ぶことの意義や背景について俯瞰する。

1-1 　現代社会の発展と保険学の生成

（1）　現代社会の発展と保険

　現代社会は、保険の発展とともにあると言っても過言ではない。人々は、経済的豊かさを享受できるようになると、いまの生活をできるだけ長く保ちたいと願い、経済的安定を望むようになる。事故が発生して経済的安定が損なわれるという不安に対処するために、人々は、保険の必要性を強く意識するようになる。

　自動車の市民生活への浸透は、経済発展をもたらし日常生活に利便性を与えてくれたが、半面で、深刻な交通事故の問題を作り出した。われわれは、自動車事故を、現代社会が許容せざるを得ない、いわば「許されたリスク」

として捉えて、自動車保険は社会的不安を緩和するために重要な役割を担う存在となった。

　企業活動においても、企業は、積極的に事業リスクをとることで利益を獲得し、成長を遂げてきた。現代社会の発展は、リスクへの挑戦の歴史であり、そこでも常に保険が大きな貢献を果たしてきた。現代社会において、リスクは常に生成され続けるものであり、それが新たに保険の必要性を高めていく。

　保険は、長い人類の歴史の中で、危険思想が萌芽し、合理的なリスク処理手法として生成し、社会とともに発展を続けてきた。その過程は、紆余曲折や試行錯誤の繰り返しであった。まさに「保険は人類の知恵が凝縮された仕組み」とされる所以である。

　また、「金融が経済の動脈であるとすれば、保険は経済の静脈である」という比喩がある。金融は、経済を活動させるための動力（エネルギー）となるものであるのに対して、保険は、その経済活動で不可避的に発生するリスクを処理するものである。金融が経済を活性化させるために重要度を増大させるにつれて、保険も不可欠な存在となる。保険がリスクを合理的に処理する方法を提供することで、安定した経済発展が可能になるのであり、現代の経済システムにとって、保険が果たすべき機能は大きい。

　こうした保険現象を研究対象として、その本質を解明する学問が保険学である。保険学は、発展過程の中で蓄積され洗練されてきた理論や技術を踏まえて、新たな社会発展のために、保険をどう貢献させていくべきかを考究する学問である。

（2）　保険学の生成と発展

　わが国では、1895（明治28）年に保険学会が設立されて、本格的な保険研究が始まった。この当時は、日本に近代的保険制度が導入されて、保険に対する社会的関心が急速に高まった時代であった。特に経済発展において重要な役割を担う海上保険の研究が熱心に行われた一方で、ドイツ保険学会からは保険本質論も持ち込まれた。ドイツでは、19世紀末に世界で最初の社会保険が導入されて、国家的指導の下で保険に対する研究が行われていた。日本

では、ドイツの保険理論を積極的に取り入れて解釈し、わが国の制度になじむように修正がなされた。同時に、日本でも多くの学者が独自の保険学説を提唱し、戦後にかけて華々しい保険本質論争が展開された。

　戦後になると、次第にアメリカの保険学の影響を大きく受けるようになった。保険本質論に代わって、米国流の実証主義的経済学が、保険学にも徐々に導入されるようになる。とりわけ1970年以降に登場した「情報の経済学（Economics of Information）」は、保険市場で見られる逆選択やモラルハザードの現象を、情報の非対称性という観点から理論的に解明した。同時に、保険制度が独自にとってきたさまざまな対応策の妥当性を根拠づけることになったのである。また、応用経済学で開発された分析手法が、保険市場を対象に実証されるなど、保険学の研究手法も多様化している。

　こうして、保険学が応用経済学の一分野を形成しつつも、依然として伝統的保険学のスタンスを維持しているのは、保険学が常に現実の保険制度と社会経済との最適な融合を追求していることにある。つまり、保険自体が社会とともに常に変化を求められる存在であるということである。

　保険学の発展のためには、他の学問領域との関係を深めて、保険学の知見を積極的に発信することも重要である。「保険学は経済学の継子」と揶揄されたこともあった。この批判的表現を返上するためには、社会科学である保険学は、現実社会への貢献を明確に示さなければならない。

1-2 ｜ 保険学の体系

　保険学は非常に広範な学問領域を束ねている。保険学を体系的に示すと、図表 1-1 のように表すことができる。広義の保険学は、非常に広範な領域を含んでおり、保険学が集合科学的な特徴を有していることがわかる。商学・経済学が対象とするのが、狭義の保険学であるが、同様に多くの学際的領域が存在している。

図表1-1　保険学の体系

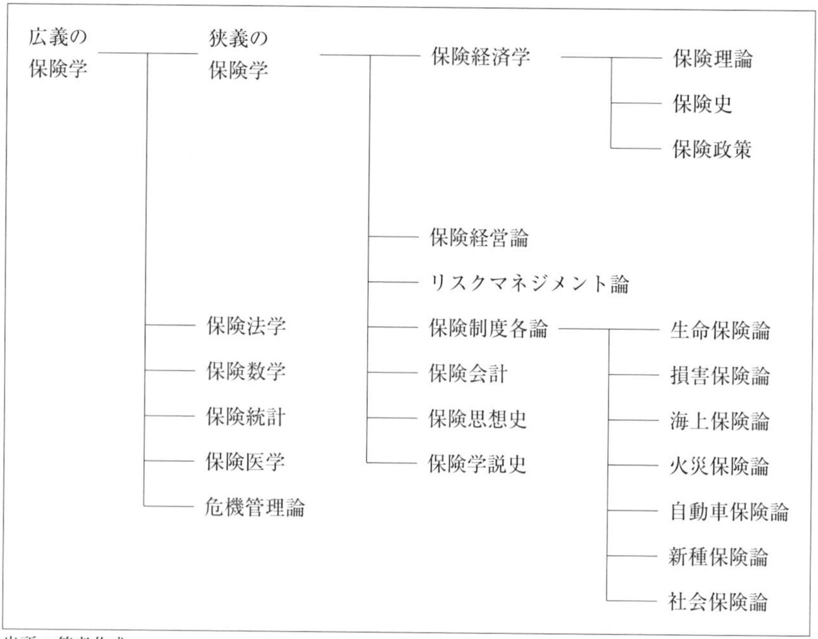

```
広義の        狭義の           ─── 保険経済学 ───── 保険理論
保険学        保険学                              ─── 保険史
                                                 ─── 保険政策


                              ─── 保険経営論
                              ─── リスクマネジメント論
             ─── 保険法学     ─── 保険制度各論 ─── 生命保険論
             ─── 保険数学     ─── 保険会計         ─── 損害保険論
             ─── 保険統計     ─── 保険思想史       ─── 海上保険論
             ─── 保険医学     ─── 保険学説史       ─── 火災保険論
             ─── 危機管理論                        ─── 自動車保険論
                                                   ─── 新種保険論
                                                   ─── 社会保険論
```

出所：筆者作成

（1）　広義の保険学

　まず、保険は契約であることから、保険学研究における法律学的アプロー
チとして保険法学がある。保険法学は、保険契約に関する広い領域を取り扱っ
ており、保険法単独で論じられるだけでなく、保険関連法は旧商法の中で取
り上げられていたので、商法の一部として論じられることもある（その後、
商法から保険関連法規が独立し、2010年に新たに「保険法」として制定された）。
また歴史的には、保険制度が海上運送に深い関係があることから、海商法の
中で論じられることもある。さらに方法論から、保険約款論、保険契約論、
判例解釈論、比較法論など、法律分野は多岐にわたっている。
　次に、保険設計において欠かせないのが、保険数理であり保険統計である。
保険統計を理論的に分析するには統計学が必要であり、また、保険統計を保
険数理的に解析するのが保険数学である。その保険数理を専門的職業として

いるのが、保険数理人（アクチュアリー actuary）である。保険数理人は、「日本アクチュアリー会」の試験に合格したうえで、保険会社の保険数理部門やリスク管理部門で専門的な業務に携わる重要な存在である。

　また、保険医学も重要である。とりわけ生命保険においては、リスクを把握するうえで、医学的知見に基づいて、引き受け可能かどうかの判断がなされる。生命保険会社には医療部門があり、その最高責任者が医長と呼ばれ役員待遇である。医療技術は日々進化しており、したがって、対象となる医療リスクも変化している。例えば、以前は長期入院を必要とした疾病も、新薬の発明や医療技術の開発により、入院日数が短縮化している。したがって、新しい医療技術水準に照らして、医療リスクの検証が必要である。

　最後に、危機管理論も広義の意味で保険学と関連した分野である。危機管理は、人の生死、国家や企業など人間集団の存亡に関わる問題を広く扱うが、近年、社会問題となっているテロリズムやサイバーリスクなどは、保険的対応の可能性が模索されているところである。

（2）　狭義の保険学

　他方、狭義の保険学としているのは、商学の分野で取り扱う領域である。まず、経済学を方法論としている保険経済学がある。ここでは経済学と同様に、理論、歴史、政策の 3 つの主要な領域に分けられる。さらに経済学の発展に伴って、先端的な応用経済学（ミクロ経済学）の一分野として、保険が研究対象とされている。例えば、近年注目を集めている領域に行動経済学や実験経済学があるが、その手法を保険現象に適用しようという研究が進められている。

　次に、保険企業の経営的課題を論じる分野として、保険経営論がある。経営形態論や販売マーケティングなど、保険経営に付随するさまざまな課題について、企業活動の実態を踏まえて本質的解明を試みようとする。

　続いて、リスクマネジメント論がある。これについては次節で詳述するが、アメリカの大学で扱われている保険学のテキストの多くに、*Risk Management and Insurance* というタイトルがつけられているように、保険学とリス

クマネジメント論は、一体的に捉えられる風潮が強まっている。ただし、当初は、リスクマネジメント論で論じられている内容の多くは、保険学の中で論じられていたのであり、むしろリスクマネジメント論は、時代を背景に、保険学から独立したと理解するべきだろう。

　さらに、保険制度各論がある。保険制度には、多様な種類が存在しているが、それぞれ固有の理論や事情を含んでいる。例えば、生命保険と損害保険では、対象とするリスクの性質が異なり、またリスク処理手法も異なる。したがって、基本的な保険理論を共有しながらも、各保険種目に適合した保険技術を開発し発展させてきた。海上保険論と火災保険論は、戦前から戦後にかけて保険業界の主力種目であったことから熱心に研究が進められ、多くの研究の蓄積がある。主力保険種目が自動車保険に交代すると、自動車保険が研究対象として論じられることになった。また保険理論は、年金保険や医療保険など社会保険の分野でも重要な存在になっている。保険制度の全体を深く理解するためには、保険理論を踏まえた個別の保険種目の考察が必要である。

　保険学にとって、保険会計も専門的な領域である。保険事業の会計は、一般の事業会社と異なる規則が取り入れられている。特に保険事業は、長期にわたって保険料と保険金の収受が行われ、その間の資金管理には特別の処理が必要となる。さらには近年、保険事業に時価会計が取り入れられる動きがある中で、専門的人材が不足しているという指摘があり、保険会計の重要性は高まっている。

　最後に、保険の本質を理解するためには、歴史的考察を踏まえることも重要である。保険史は、保険事業がどのような社会的背景の中で発展を遂げてきたかを考察するものである。それぞれの保険制度は、必然性をもって生成され固有の発展過程を辿ってきた。そうした中から、保険の社会的意義を捉え直し、発展の方向を探ろうとするものである。

　このように保険学は、広い範囲の関連領域を含んでおり、学際的性格を有している。

1-3 保険学とリスクマネジメント論の関係

（1） リスクマネジメントの基本構造

　図表 1 - 2 は、リスクマネジメントプロセスを示している。リスクマネジメントプロセスは、まずリスクを認識することから始まる。次に、そのリスクを分析・測定することで、対象リスクの性質を把握する。ここでは、重要度を検討することでリスクマネジメント対策の優先順位を決定する。そして、ここから具体的なリスク処理手段の選択を行う。リスクマネジメント手段は、事故発生前の対応策としてリスクコントロール（risk control）と、事故発生後の善後策としてのリスクファイナンス（risk finance）との 2 段階から構成される。前者のリスクコントロールは、損害頻度を軽減する損失予防（ロスコントロール）と損害規模を軽減する損失低減（ロスリダクション）からなる。例えば、火災報知器の設置は火災頻度を軽減させるものであり、スプリンクラーの設置は損害規模を軽減するものである。

　こうしたリスクコントロールを実行した後、依然として存在するリスクを残余リスク（residual risk）という。ここで、事故が発生した場合に備える資金調達の手段をリスクファイナンスという。このリスクファイナンスには、

図表1-2　リスクマネジメントプロセス

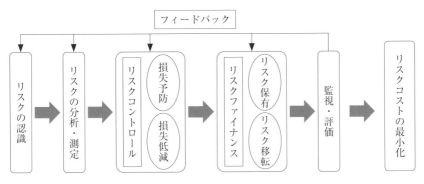

出所：筆者作成

リスク保有（risk retention）とリスク移転（risk transfer）の2つからなる。前者は、リスクを剰余金や準備金で対応する方法で、リスク自体は、自ら保有することになる。他方、後者のリスク移転は、コストを支払って他者にリスクを転嫁する方法で、この中で最重要なものが保険である。保険以外にも、オプションなどの金融手法を利用したヘッジ手段もある。

リスクマネジメントプロセスでは、これらの手段を講じた後、全体を監視・評価して、修正を繰り返しながら、最適なリスクマネジメント体制を確立していくことになる。そして、企業にとってのリスクマネジメントの最終的な目的は、リスクコスト（リスクマネジメントに要する全ての費用）の最小化を通じて、企業利益の最大化を図ろうということである。

こうして見ると、保険はリスクファイナンスの一手法であり、リスクマネジメントの一部ということになる。しかしながら、リスクファイナンスは、さらに保険と保険以外の金融手法とに分かれて、後者は、ファイナンス分野との急速な接近を示している。すなわち、リスクの証券化やデリバティブといった新しい資金調達手法が発展する中で、リスクファイナンスの手法が多様化する現在、リスクマネジメントは、ファイナンス（金融）との関係を強めている。

（2） 保険学とリスクマネジメント論

リスクマネジメントの理論体系は、歴史的に見ると、保険システムを中心に構築されてきた。リスクマネジメントが企業経営で意識され始めたのは、アメリカの19世紀の後半であるが、当時は、保険管理（インシュアランスマネジメント）が中心であった。企業経営者は、保険が対象とするリスクを中心にリスク管理を行っていたのであった。それが、20世紀に入ると、保険を含めたさまざまなリスク処理手法が企業のリスク管理の対象とされて、リスクマネジメントの理論的かつ実践的な方法論が取り上げられるようになった。その後、リスクマネジメント論は、経営学との接近も図りつつ、独自の路線を構築しようとしてきた。

日本にリスクマネジメント論が導入されたのは、保険学よりも一世紀近く

遅れた1970年に入ってからことであった。上述したように、保険学とリスクマネジメント論は、近年、一体的に発展している。それは、両者が表裏一体的な関係にあるからである。しかしながら、両者はやはりそれぞれに固有の対象領域を有している。

　図表1-3は、保険学とリスクマネジメント論を比較したものである。保険学は、伝統的に保険の供給者である保険者の理論として構築されてきた。これに対して、後発的に登場してきたリスクマネジメント論は、保険の需要者である企業の理論として築き上げられてきたと言える。したがって、保険学では、保険者が取り扱う純粋リスク（損失だけが生じるリスク）を対象として考察するのに対して、リスクマネジメント論では、純粋リスクのみならず投機的リスク（利益も損失も生じるリスク）をも含めたあらゆるリスクを考察対象としている。

　さらに特徴的なのは、保険学では常にリスク処理を集団的に行う方法を念頭に置くのに対して、リスクマネジメント論では、集団に対する意識はなく、あくまでも個別主体（企業）にとって合理的なリスク処理手法を検討しようと考える。そうしたことから、保険学が取り扱うリスクは、主として客観的確率（統計に基づく確率）に依拠するのに対して、リスクマネジメント論では、個別主体が認識する主観的確率に基づいた判断がなされることが多いと理解できる。

図表1-3　保険学とリスクマネジメント論

	保険学	リスクマネジメント論
理論	供給者（保険者）の理論	需要者（企業）の理論
リスク対象	主として純粋リスク	純粋リスクと投機的リスク
リスク処理手法	集団的リスク処理	個別的リスク処理
根拠となる確率	客観的確率	主観的確率
目的	保険制度全体の合理性・効率性の追求	個別リスク処理手法の合理性・効率性の追求
方法論的特徴	理論的整合性を重視	実践的妥当性を重視

出所：筆者作成

　そして目的に関して比較すると、保険学は、保険制度全体としての合理性や効率性の追求を目的とするのに対して、リスクマネジメント論の目的は、個別主体のリスク処理手法の合理性や効率性を追求することにある。最後に、方法論的特徴を考えると、保険学が、実践的（practical）な妥当性を意識しながらも、理論的（theoretical）な整合性をより重視しているのに対して、リスクマネジメント論は、理論的整合性よりもむしろ実践的妥当性を重んじる傾向が強い。

　このように、保険学とリスクマネジメント論は、研究の視点が異なるのであるが、両者は、リスク対策をめぐって裏表の関係にあると同時に、一体的な関係にもある。

　リスクマネジメント理論の特徴は、汎用性があることであろう。リスクマネジメント理論は、元来、企業経営に関わる理論であるが、その枠組みは、他の経済活動にも適用可能な部分が多い。既にリスクマネジメントという用語は、日常生活にも浸透している。例えば、われわれの生活においても、まず、リスクの存在を意識して行動を自制しながら（リスクコントロール）、万が一の場合に備えて、あらかじめ資金的手立て（リスクファイナンス）を講じておくはずである。そして、個人が対処可能なリスクファイナンスとして、貯金と保険がある。したがって、リスクマネジメントを考える際には、保険を利用できるかどうかが大きな問題となる。このプロセスは、あらゆる主体に共通する思考であろうから、他の主体にもリスクマネジメントの思考プロセスは有効である。

　近年、リスクマネジメント論は、金融分野、特に企業金融（コーポレートファイナンス）の分野との関連性を強めている。これまでの保険学は、ファイナンス（金融）から一定の距離を置いた存在であったが、保険学は、保険と金融との共通機能を認めながら、むしろ、両者の構造的あるいは原理的な相違点を強調することで、保険の存在意義を再確認することを目指している。

1-4 ｜ 保険学の基本用語

　次に本書を読み進めるにあたって必要となる、保険で用いられる基本用語を解説しておきたい。

① 　保障（security）・補償（indemnity）・保証（guarantee）

　これらの用語は、類似した概念として混同されることも多いが、保険学では意識的に区別して用いている。保障とは、事前的な視点に立った概念で、将来にわたって、現状を保つというニュアンスで用いられる。保障という文言は、生命保険の分野で用いられることが多い。これに対して、補償とは、事後的な視点に立った概念で、発生した損失を埋め補うという意味で用いられる。補償という文言は、損害保険の分野で用いられることが多い。そして保証とは、法律的な用語で、債務者が債務を履行しない場合に、これに代わって保証人が債務を履行する義務を負うという意味で用いられる。保証は、保険と同じような役割を担うものではあるが、保険のように集団的処理をするという考え方は存在していない。ちなみに、債務者の信用リスクを保証人に代わって保険会社が引き受ける保証保険という仕組みがある。

② 　保険者（insurer）

　保険契約の一方の当事者で保険契約を引き受ける者をいう。リスクを引き受けて、対価としての保険料を受け取ることで保険金の給付を行う。民間保険では一般に保険会社を指す。社会保険の場合、保険者は多様になっており、例えば、公的年金保険では国が保険者であるが、公的医療保険における組合健保の場合には、健康保険組合が保険者である。

③ 　保険契約者（policyholder）

　保険契約の一方の当事者で、自己の名前で保険契約を締結して、保険金請求権など契約上のさまざまな権利を有すると同時に、保険料支払い義務を負

う者である。保険会社と契約条件を交渉し合意に達したうえで、契約書に署名を行うことにより保険契約が成立する。

④ 被保険者（insured person）

　保険の対象となる者で、被保険者が保険事故を被ったときに、保険金給付が行われる。生命保険の保険料は、被保険者の健康状態に応じて算定される。被保険者と保険契約者との関係において、両者が同一である場合、「自己のためにする保険」という。本人が自分自身の保険に加入する場合は、その本人は被保険者であり保険契約者でもある。これに対して、契約者と被保険者が別である場合、「他人のためにする保険」という。例えば、自分の子供に保険をかける場合には、子供が被保険者であり、親は保険契約者となる。「他人のためにする保険」を契約する場合には、原則として被保険者の同意が必要である。

⑤ 保険金受取人（beneficiary）

　保険事故が発生した場合、あるいは保険期間が満了した場合に、保険金を受け取る請求権を持つ者をいう。死亡保険では、被保険者は保険金を受け取ることができないので、必ず、被保険者以外の者が、保険金受取人として指定される。

⑥ 保険金（claim paid）

　保険事故が発生した場合に、契約に基づいて保険金受取人に支払われる金銭をいう。損害保険では、実際の損害と付保割合に応じて保険金が支払われるが、生命保険の場合には、通常、契約時に定められた保険金額が保険金として支払われる。

⑦ 保険金額（insurance amount）

　保険金額とは、保険契約で付保された金額をいう。契約当事者間の定めに基づき、保険事故の発生によって保険者が支払うべき金額あるいは支払限度

額をいう。保険金額は、保険契約者と保険者との合意のもとで、自由に決めることができる。ただし、損害保険では、保険価額を上回る保険金額は設定できない。生命保険における保険金額は、契約者の収入や職業など社会的常識を勘案して、保険者との合意のもとに設定される。

⑧　保険価額（insured value）

　保険価額とは、保険の目的物の経済的評価額をいう。損害保険では、保険金額の設定における上限額となる。生命保険には、保険価額の概念はない。したがって、法律に基づいた厳格な保険金額上限の設定はない。

⑨　保険料（insurance premium）

　保険契約に基づいて、保障を得る対価として契約者が保険会社に支払う金銭をいう。保険料は、保険会社に蓄積されて保険金給付に充当されるのみならず、保険資金として金融市場で資産運用される。保険料の合理的算定は、財務健全性を維持するために最も重要な要素である。そのために、保険設計に関わるさまざまな統計を収集・分析して、保険数理に基づいて保険料が算出される。そうした部門を担う専門職業人を、保険数理人（アクチュアリー）という。

⑩　保険の目的（insurance subject）

　保険事故発生の客体をいう。リスクの発生により、損害が発生する対象物である。例えば、火災保険においては、家屋や工場などの建物、自動車保険（車両）においては自動車が保険の目的となる。この用語は、責任保険や生命保険ではあまり用いられない。

⑪　保険事故（insurable risk）

　保険者が、保険金支払いを約定した不確実性を持った事象をいう。保険事故として認定されることが、保険金支払いの条件となる。保険会社は、保険事故であったかどうかを認定したうえで、損害額を査定して、支払保険金額

を算出する。実務的には、保障（補償）対象とされるリスクを担保危険といい、これに該当しないリスクを免責危険という。保険契約においては、あらかじめ担保危険を明確にしておくことが、保険事故の認定の際にも重要である。

⑫　保険期間（insurance period）

　保険者が保障サービスを提供する期間をいう。この保険期間内に、保険事故が発生した場合に、保険者は保険金を支払う義務を負う。保険期間を外れて発生した事故に対しては、保障（補償）の対象とならないことから、保険期間がいつ開始されいつ終了するかは、保険契約において厳格な意味を持つ。

⑬　保険証券（insurance policy）

　保険証券とは、保険契約の成立およびその内容を明らかにするために保険者が作成し、保険契約者に交付する証書をいう。保険証券は、保険者、被保険者、保険契約者をはじめ、保険金額や保険金受取人などが明記された証書であり、通常、保険約款は含まれていない。保険契約が成立したことを証明するための証拠書類である。ただし保険証書それ自体は有価証券ではなく、証書の所持は保険金請求の要件とはならない（保険証書を紛失しても、保険金請求権は失われない）。

⑭　保険約款（insurance clause）

　保険契約に関して、保険者があらかじめ作成した定型的な契約条項をいう。保障（補償）される契約内容が詳細に記載されており、これに基づいて保険金支払いの可否が判断される。すなわち、契約者は、保険約款に基づいて保険金を請求することになる一方で、保険者は、保険約款に基づいて保険金支払いを拒否することができる。したがって、契約者は、本来、保険約款の全てを十分に理解したうえで、保険契約に臨まなければならない。しかし平均的な消費者が、契約内容を正確に理解できる状況にないと考えられるので、保険者には、保険約款の内容をわかりやすく説明する義務が課されている。なお、近年は、保険約款の電子化が進められて、保険契約時に、以前のよう

に分厚い保険約款を渡されることが少なくなっている。

1-5 ｜ 保険学研究の現代的課題

　保険学は保険現象を研究対象とする学問である。経済社会の発展変化に伴って、保険に対する社会的要請が生じ新しい保険が登場してくる。そうした中から、保険学が取り組むべき新しい研究課題が生まれてくる。保険学は、長年にわたって築いてきた理論的基盤を堅固にしつつ、新しい社会的課題に積極的に取り組まなければならない。

　その意味では、われわれは、保険を取り巻く社会現象の本質を正しく理解することが必要である。その中から保険にどのようなアプローチが可能であるか、理論的根拠を示しながら考察することが必要である。保険学は、たんに保険自体を論じているだけでは学問の使命に応えられない。

　保険学を社会に貢献する有益な学問とするためには、保険経済と保険経営との両方がバランスを保たなければならない。すなわち、保険経済学で保険理論を構築しながらも、保険経営で実現可能性を検証することが必要である。保険理論だけでは机上の空論になりかねない。

　保険が、現代社会と密接に関係していることから、現代社会の課題に対して、保険学的アプローチを試みることが求められている。主な研究課題としては、次のようなものを挙げることができるだろう。

　第 1 に、「人生100年時代」における保険の役割についてである。これまでも、民間保険と社会保障制度との関係についての理論的考察はなされてきた。そこでは、現行の保険制度を前提とした官民の役割のあり方が中心であった。しかし、「人生100年時代」を考えるときには、さまざまなリスクにどのように備えるかについて、保険の枠を超えた議論が必要である。もちろん、その中で保険制度が中核的役割を担う存在であることは変わらないであろう。保険業界は、総合的生活保障産業として、保険提供にとどまらず、さまざまな保障手段をトータルで有機的に構築する姿勢が必要であり、そのための理論的枠組みが求められている。同時に、消費者の保険リテラシー（理解力）を

いかに高めるかということが重要であり、保険教育のあり方はこれからの大きな課題である。

　第2に、デジタル時代を迎えての保険業のあり方である。デジタル化の進展により、従来まで保険業界が保険設計において用いてきた統計処理の方法が激変する可能性がある。例えば、テレマティクス機器やウェアラブル端末などを用いて、運転者や被保険者の行動をリアルタイム（動態的）に把握し、そこからリスクを算出して保険料に反映する手法が開発されつつある。これは、長く蓄積してきた統計資料に基づいた料率算定とは根本的に異なる手法である。また、人工知能（AI）の発展や導入は、保険業を、劇的（ドラスティック）に、場合によっては破壊的（ディスラプティブ）に変えていく可能性も指摘されているところである。そうした新しい時代の中での保険業のあり方は大きな課題であり、保険理論の貢献が期待されるところである。

　第3に、グローバル経済が進展する中で、保険がどうあるべきかという問題である。本来、保険業は、国内志向的（ドメスティック）な性格を有しているが、経済のグローバル化が進展するに伴って、保険業のグローバル化が進められ、そのための国際的な取引ルールや安全網の整備などが議論されているところである。また、発展途上国やイスラム諸国などに、保険先進国で発展してきたノウハウを生かすことも重要である。グローバルな経済発展のための保険的貢献をいかに図るかという問題は、今後大きなテーマとなるはずである。

　第4に、自然災害をはじめとする巨大リスクに対して保険制度がどのようなアプローチをとるかである。しかし、巨大リスクについては、保険的アプローチ単独では限界がある。政府と民間での協力しながら、抑止（リスクコントロール）と補償（リスクファイナンス）の有効な関係を構築する必要がある。ここでは、災害コストに対する官民における費用負担のルール作りが重要であり、官民役割分担のあり方が問われることになる。それと同時に、リスクファイナンスとしての保険の引き受け余力（キャパシティ）を拡大するための保険技術の開発も進めなければならない。さらに自然災害は、直接的には、国内経済に深刻な打撃を与えるものであるが、再保険市場などを通じて国際

的につながっている現代においては、ますますグローバルな課題としても取り組まなければならない。

第5に、保険と金融の融合についての問題である。リスクファイナンスとしての保険と金融は、それぞれに一長一短にあり、相互に補完的関係を有している。保険技術の発展に伴って、金融との融合が進んでいるが、それと同時に保険の固有性、すなわち「保険とは何か」が問われていると言ってよいだろう。そのことは、保険に対する規制のあり方にも関わる問題であり、金融の規制を保険に適用することの是非が議論される必要がある。

第6に、新しいリスクに対する保険的挑戦である。社会の進展とともに新しいリスク（エマージングリスク）が登場するが、それに対して保険がどのような対応策を考えられるかが重要である。現在では、情報通信技術（ICT）に伴うサイバーリスクは、社会的リスクとしてますます深刻化している。保険にどのようなアプローチが可能かが大きな検討課題となる。

自習用研究課題

1. 保険学がわが国に導入された経緯について考察しなさい。
2. 保険学の体系について説明しなさい。
3. 保険学とリスクマネジメント論との関係性について説明しなさい。
4. 本章で述べた保険学が直面する現代的課題について、より具体的な研究課題について考えなさい。

第2章
保険の歴史

┌─〈本章のねらい〉────────────────────
　本章では、保険の歴史を述べる。最初に、日本に近代的保険を紹介し
た功労者である福澤諭吉の功績を辿る。そのうえで、海上保険、火災保
険、生命保険について、それぞれの生成の必然性から発展を社会的背景
とともに概観する。そして、近代的保険への発展に至った要件としての
資本主義経済の発展と関わりを見ながら、近代的保険の特徴と現代社会
における存在意義を論ずる。
└────────────────────────────

2-1 福澤諭吉と日本の保険業

「保険」の紹介者、福澤諭吉

　日本の保険業の誕生において、福澤諭吉（1835-1901）は偉大な功労者であっ
たと言えよう。福澤は幕末に3度にわたって欧米諸国を視察したが、帰国後
に、日本でも近代的諸制度の整備が急務であることを強く唱えた。とりわけ、
保険制度は、新たな国家の建設に不可欠であるとして、その必要性を慶應義
塾の塾生のみならず世間一般にも広く啓蒙した。

　福澤諭吉は、海外視察で見聞してきた保険制度について、いくつかの書物
を刊行して日本人に紹介している。『西洋事情・外編巻之二』（1866）の中では、
当時イギリスで隆盛を見せていた「相対扶助の法（フレンドリ・ソサイチ）」
を紹介し、「人々の随意に会社を結び、平静より積み金を備えおきて、その
社中に病人または不幸にあう者あるときは、積み金を以てこれを扶助する法

なり。」と説明している。この記述は、近代的保険以前に存在していた相互
扶助制度である友愛組合を紹介したものである。

　また、『西洋旅案内』（1867）の中では、「災難請合の事 イシュアランス」
の項で、生涯請合（生命保険）、火災請合（火災保険）、海上請合（海上保険）
を取り上げ、「災難請合とは商人の組合ありて平生無事の時に人より割合の
金を取り万一其人へ災難あれば組合より大金を出して其損亡を救う仕法なり
其大趣意は一人の災難を大勢に分ち僅の金を棄て大難を遁るる訳にて……」
と、簡潔な表現で保険制度を説明している（ただしこのときは、まだ保険とい
う文言は用いていない）。こうして福澤は日本に初めて近代的保険を紹介した
人物となったが、福澤が保険制度をこの３つに大別して捉えていたことは、
既に保険制度を深く理解していたことを窺わせるものである。後述するよう
に、それぞれの保険は、独自の生成過程を経て発展を遂げている。

　さらに、『民間経済録 二篇』（1880）「第二章 保険ノ事」では、「西洋に行
わるる保険とは、火災なり、水難なり凶作なり又は死亡なり、全ての人間の
確かに期して免れるべからざる所の災難を衆人に平均して、独り大に不幸を
蒙ることを無らしめるものなり。」と、初めて「保険」という言葉を用いて
説明している。このように福澤は、近代国家の建設のために、保険業の重要
性を熱心に説いたのであった。

近代的保険会社の誕生

　福澤諭吉は、単なる保険の紹介にとどまらず、実業人の社交場「交詢社」
や慶應義塾の三田演説会で「保険の説」を論じたりして、わが国の保険制度
の実現にも尽力した。その薫陶を受けた阿部泰蔵、荘田平五郎、小泉信吉、
小幡篤次郎、早矢仕有的、門野幾之進らをはじめとする多くの弟子たちによっ
て、相次いで保険会社が設立され、その後の目覚ましい保険業発展の礎が築
かれたのである。門下生の一人である早矢仕有的が設立した丸屋商社（現在
の丸善株式会社）は、1974年に「死亡請合規則」を定めた。これは社員を対
象とした弔慰金制度であり、あらかじめ社員から少額の資金を集めて積み立
てておき、社員の死亡の際に50円を遺族へ支払うというもので、福澤自身も

出資している。

　1881年 7 月、わが国最初の近代的生命保険会社として、明治生命保険会社が開業した。初代社長は阿部泰蔵であった。阿部は慶應義塾の塾頭を務め、文部官吏としてアメリカを視察した後、荘田平五郎とともに会社を設立した。さらに阿部は、近代的生命保険の根拠となる生命表（後述）として「英国十七会社表」を採用し、また株式会社形態を採用することで資本基盤の充実に努めた。

　この間、生命保険業の類似会社が数多く生まれた。代表的なものは、安田善次郎が創立した共済五百名社（旧安田生命の前身）である。死亡時に 1 人1000円の保険金給付に対して、毎月 2 円の掛金と、別途事務経費として 6 円を支払うという生命共済であった。共済五百名社は順調なスタートを切り、この成功をまねて類似会社も誕生したが、その中には詐欺のようなものもあり、多くの会社は数年で消滅した。

　近代的な生保会社の設立を目指した人物として、若山儀一も紹介しておきたい。若山は、幕末・維新期の新知識階級と呼ばれる人の一人で、福澤も入門した大阪適塾で蘭学を修め、新政府に出仕した後、岩倉具視の欧米視節団に随行した。その際、ニューヨークで学んだ生命保険に関心と情熱をもち、1877年に官吏を辞任して、1879年 9 月に日東保生会社の創立計画書を政府に提出した。しかし、この会社は設立前に 9 か月で頓挫してしまう。

　一方、わが国最初の損害保険会社は、1879年 8 月に設立された東京海上保険会社である。同社の設立から経営に至るまで、福澤諭吉の高弟である荘田平五郎と益田克徳が活躍した。これは、官営鉄道事業の払い下げを受ける際に、経済界の指導者であった渋沢栄一が提唱して華族たちから資本金60万円を集め、貨物保険の引受けを対象として設立されたものである。資金の中核を担ったのは、旧藩主の蜂須賀茂韶、伊達宗城ら20余名、そして福澤諭吉の盟友である岩崎彌太郎らであった。海上保険会社は、当時の殖産興業の主柱であった海運・貿易業を支える重要な役割を担った。

　そして、わが国最初の火災保険会社は、1887年 7 月に設立した東京火災保険会社である。同社は、旧鳥取池田藩家老の鵜殿長照や同藩御用商人の柳川

22

図表2-1 「福澤諭吉と日本の保険業」年表

1834(1835)年 （天保5）	1歳	天保5年12月12日（西暦1835年1月10日）大阪中津藩蔵屋敷にて誕生
1858年（安政5）	25	築地鉄砲州で家塾を開く（慶應義塾の起源）
1860年（万延元）	27	咸臨丸で渡米
1862年（文久2）	29	翻訳方として遣欧使節に参加
1866年（慶應2）	33	『西洋事情　初編』刊行
1867年（慶應3）	34	幕府の軍艦受取委員会随員として2度目の渡米 『西洋旅案内』刊行
1868年（明治元）	35	ウェーランド経済学の講義を行う
1872年（明治5）	39	『学問のすゝめ　初編』刊行
1874年（明治7）	41	丸屋商社　死亡請合規則制定
1877年（明治10）	44	『民間経済録　初編』刊行
1879年（明治12）	46	慶應義塾　海上保険法開講 わが国最初の保険会社　東京海上保険会社　開業
1880年（明治13）	47	『民間経済録　二篇』刊行
1881年（明治14）	48	わが国最初の生命保険会社　明治生命保険会社　開業
1887年（明治20）	54	わが国最初の火災保険会社　東京火災保険会社（安田火災の前身）開業
1888年（明治21）	55	帝国生命保険会社（朝日生命の前身）　開業 火災保険会（明治火災の前身）設立
1889年（明治22）	56	日本生命保険会社　開業
1891年（明治24）	58	明治火災保険会社　開業
1894年（明治27）	61	共済生命保険会社（安田生命の前身）開業
1895年（明治28）	62	「保険学会」結成　翌年『保険雑誌』発行開始
1898年（明治31）	65	生命保険談話会（生命保険協会の前身）設立
1899年（明治32）	66	『福翁自伝』刊行
1900年（明治33）	67	保険業法・施行規則公布
1901年（明治34）	68	2月3日　三田慶應義塾内の自邸にて長逝
1902年（明治35）	—	第一生命保険会社　開業
1904年（明治37）	—	千代田生命保険会社　開業
＊　　＊	＊	＊　　＊　　＊
1984年（昭和59）	—	11月1日　1万円札の肖像となる

注：西暦（年号）は、慶應義塾HPによる。

清助ら 5 名を創立発起人として誕生した。続いて、1891年 1 月には明治火災
保険会社が設立されたが、発起人は荘田平五郎、阿部泰蔵、益田克徳、小泉
信吉ら、多くの慶應義塾出身者が名を連ねた。

　このように福澤諭吉とその弟子や関係者たちが、日本の近代的保険の発展
に果たした影響は誠に大きいものがあった。上述したように、わが国の保険
業も、海上保険、火災保険、生命保険の 3 つの分野で、順次、保険会社が誕
生していくことになる。

2-2 ｜ 海上保険の歴史

保険思想の起源

　保険の歴史を辿ると、海上保険にその源泉を見出しうる。保険思想は、バ
ビロニアに発してフェニキアに伝わり、次いでギリシャ、ローマに入ったと
いう。

　まず紀元前2000年頃の古代バビロニアでは、交易の際に、荷主から商品を
預かった旅商人が持ち逃げするのを防ぐために、仕事が終わるまでの間、荷
主が旅商人の妻子や財産を一時的に預かることで、危険の一部を担保してい
た。

　紀元前800年頃になると、古代ギリシャで「共同海損（general average）」と
いう仕組みが普及した。これは、海難に遭遇した者の損害を、取引に携わる
関係者全員が共同で資産を拠出・分担して埋め合わせるという制度である。
海上において危険に遭遇した場合に、船と乗組員を守るために、やむを得ず、
積み荷の一部を海に投げ捨て、その損失を荷主と船主が共同で負担するとい
う習慣があった。すなわち、この頃には既に、個人で負担しきれない危険を
当事者間で分担しカバーするという保険的発想が芽生えていたのである。

冒険貸借の登場

　紀元前500年前頃になると、ギリシャの地中海商人の間で、「冒険貸借
（bottomry）」と呼ばれるものが行われるようになる。これは、商人（船主ま

図表2-2　冒険貸借

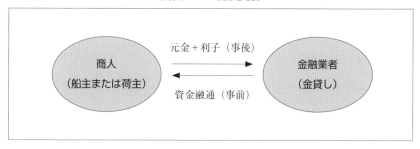

たは荷主）が航海に際し、金融業者（金貸し）から、荷物や雇人への支払い
のための資金の融通を受け、もし船舶や積荷が航海の途中で海難に遭遇し、
全損となったときには返済を免れ、無事に目的地に到達して貿易の成果を上
げたときは元金とともに多額の利子（プレミアム）を支払うという貸借制度
である。金融業者は、航海が失敗した場合に貸した金額が返済されないので、
借り手（商人）が被る航海失敗のリスクを負担していたことになる。このよ
うに冒険貸借は、融資とリスク負担という2つの機能を有していたのである。
この仕組みは、現在の金融市場で広く応用されている「リスクの証券化」と
酷似したシステムであると理解できるだろう。すなわち、金融業者はそのま
ま現在の金融機関であり、商人は事業者ということになる（図表2-2）。
　ただし、この制度は地中海沿岸諸国の海上交易で商人たちに広く利用され
るようになったが、1230年頃にローマ法王グレゴリー9世が「徴利禁止令」
を発布したため、「冒険貸借」は衰退する。これは当時、利息を取ることが
キリスト教の教えに反すると考えられたためである。
　しかしながら、商人たちにとって、航海に伴うリスクにいかに備えるかが
依然として大きな問題であったことに変わりはない。そこで彼らは、冒険貸
借に代わって、無利子貸借、仮装売買などの「変態冒険貸借」を考案する（図
表2-3）。これは、船を出航する前に、積荷を金融業者に売ったという売買
契約書を結び、利子の代わりに手数料を払うというものであった。航海が無
事に終われば、手数料がそのまま金融業者の利益となり、万が一、船が海難

図表2-3　変態冒険貸借

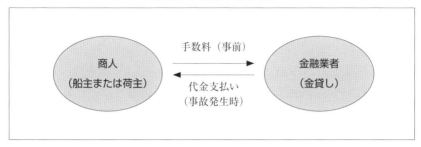

事故に遭えば、金融業者は、契約どおりに積荷の代金を支払う。これを荷主から見ると、事前に一定の手数料を支払うことで、事故による損失の補塡を受ける権利を購入していることになる。手数料を保険料、積み荷代金を保険金と見れば、現代の海上保険とよく似ている。

海上保険の誕生

　この仕組みが発展して、地中海交易に従事する船や積み荷を対象とした海上保険が誕生する。14世紀中頃に、ピサ、フィレンツェ、ジェノバといったイタリアの商業都市で生まれ、イタリア商人（ロンバート人）によって、オランダのブリュージュへと伝播していった。その後、アムステルダム、ハンブルク、ロンドンへ伝えられる。商取引に関わるリスクに対し、あらかじめ保険料という形で費用を支払い、万が一損害が発生した場合には、保険金を受け取ることで損害を補塡する仕組みである（図表2-4）。つまり、事前的な保険契約を行うことで、事後的な損害塡補を得ることができる。

　自由な経済取引には自己責任が伴う。利益を獲得するためには、リスクを取らざるを得ない。商人は、取引に伴う失敗・損失のリスクを抱えながら、利益を求めて商行為を行う。そこで、個人的損失のリスクを転嫁するべく、保険取引を選択するのである。

　その後、海上貿易の中心地は、16世紀後半頃から次第にイギリスに移っていった。ロンドンに、海上保険の引き受けを専門とする商人グループが出て

図表2-4　海上保険

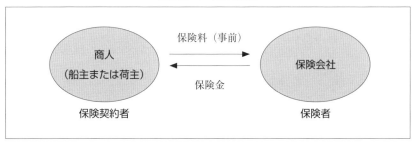

きた。彼らは、17世紀末頃に、エドワード・ロイド（Edward Lloyd）が経営するコーヒー店を溜まり場として、船主や乗組員、荷主など海運業に携わる人々と積極的に情報を交換した。ロイドの死後（1734年）、後継者により、客へのサービスとして、船、積み荷、潮流、気象など、海運貿易全般の情報を載せた情報誌ロイズ・リスト（Lloyd's List）が発行された。これが、現在も海上保険に大きな影響力を持ち続けているロイズ（Lloyd's of London）の起源とされる。イギリスは、現在も保険業の中心地として重要な地位を誇っている。

日本の海上保険

　最後に、日本の海上保険について触れておきたい。日本では、桃山時代から江戸時代初期（16世紀末から17世紀初め）にかけて、南蛮貿易・朱印船貿易が盛んであった頃に、「抛銀」といわれる制度が存在していた。これは、上述の冒険貸借に相当するもので、貿易業者が金融業者から交易に必要な資金を借り受け、無事に帰国した際には3割から11割という高い利子をつけて元利を返済するが、もし海難に遭い帰港しなかった場合には、元利とも返済の義務を免れることを約束したとされる。しかし、この制度は、徳川幕府の鎖国令（1639）とともに衰退した。

　元禄時代になると、「海上請負」が始まる。これは、廻船問屋が荷主と交わす運送契約の一種で、海難により積み荷に損害が生じたときに、廻船問屋

が全ての損害を補償するというもので、荷主はその分だけ高い運賃を支払った。海上請負は、明治初期まで約200年間、日本の海運業を支えた一種の海上保険として重要な役割を担った。また陸上運送でも、飛脚問屋が荷物の危険を請け負う、「運送危難請負」（運送保険の前身）という制度があった。

2-3　火災保険の歴史

　人類は、火がもたらすリスクを制御し最大限に利用することで、文明を発展させてきた。しかしながら、火災リスクは人類に最もなじみ深いリスクであったにもかかわらず、長い間、個人的なリスク対応――すなわち、損失を被った人々が個々の財力で回復する方法――が中心であった。社会制度として、火災リスクに対処するに至ったのは、中世期ヨーロッパ諸国における同業者組合であるギルド（Guild）において、種々の火災、水害、盗難、その他の災厄に対する損害填補事業が行われたことであったとされる。

近代的火災保険の登場

　その後、本格的な火災保険が誕生する契機となったのが、1666年のイギリスのロンドン大火（The Great Fire）であった。これは1666年 9 月 2 日に起こり、4 昼夜燃え続けてロンドン市の 5 分の 4 が燃え尽くされ、1 万3200戸が全焼し、10万人以上が焼け出されるという大惨事であった。ロンドン大火の影響を受けて、都市整備が行われ、耐火建築の推進や、道路整備、防火体制など、火災への諸対策が講じられた。

　同時に、1681年に、医師であり建築家でもあったニコラス・バーボン（Nicholas Barbon）は、世界最初の営利目的の火災保険会社であるFire Office（1706年フェニックス保険会社と改称）を設立した。この火災保険は、当時ロンドンで繁栄を見せていた海上保険に倣ったもので、その特徴は、①誰でも加入できる、②火災による個人的損失を主な対象とする、③過去の火災発生率と現在の建物数から保険料を決定（木造家屋の保険料をレンガ造りの家の倍にする）、④ファイアマーク（火災保険加入を示すエンブレム）の設置など、多

くの注目すべき点があった。しかし、投機的な企業活動による巨大利潤の追求が目的であったことに加えて、確率計算に基づく合理的な保険経営がなされていたわけでなく、まだ近代的火災保険とは言えないものであった。

　その後、非営利組織による投機目的でない火災保険会社であるFriendly Society（1684）や、純粋な相互組織の下で、建築業従事者の相互利益を守る目的で設立されたHand-in-Hand（1691）など、次々と火災保険会社が誕生した。1710年に設立されたSun Fire Officeは、現存する世界最古の火災保険会社と言われている。これらに共通するのは、イギリスにおける自由主義の理念に基づいて、民間保険会社による私営保険であったことである。

　これに対して、ドイツでは公営の火災保険が設立されたことが特徴的であった。15世紀、北ドイツの火災共済組合（ギルド）やハンブルクなどの火災組合（コントラクト）など、地域における共同体的施設が置かれていた。1591年には、ビール醸造者を中心として火災にあった場合に、各自が平等に再築資金を出し合う「ハンブルグ火災組合（Hamburger Feuerkontrakt）」が設立され、1676年には、46の火災組合を統合して、市全体の建物を対象とした公営の「ハンブルグ一般火災保険金庫（Hamburger General-Feuerkasse）」が設立された。これを範として、ドイツの他の都市でも公営火災保険が営まれた。

　18世紀以降にはヨーロッパ諸国で火災保険が設立される一方、1752年にはアメリカでも、独立宣言起草者の一人であるベンジャミン・フランクリン（Benjamin Franklin）によってアメリカ最初の火災保険会社が設立されている。

日本の火災保険

　日本では、江戸時代に幾度となく大きな火事に見舞われたにもかかわらず、火災保険が創設されることはなかった。そこには、私有財産を火災リスクから守りたいという思想がいまだ成熟していなかったという背景があったと考えられる。

　日本最初の火災保険会社は、海上保険会社よりもやや遅れて設立された。東京医学校のドイツ語教師・経済学者パウル・マイエット（Paul Mayet）が、1878年4月に「日本家屋保険論」という講演を行い、木造家屋の多い日本に

火災保険がないことに驚き、国営火災保険を提案した。これに関心を寄せたのが、参議・大蔵卿の大隈重信であった。内務卿であった伊藤博文を口説いて、1879年に大蔵・内務両省共管で、大蔵省内に「火災保険取調掛」を設置し、官営・強制加入を骨子とする「家屋保険法」が上申された。大隈重信はこれを支持し、マイエットを大蔵顧問として国営火災保険の設立を準備したが、「明治14年の政変（1881）」で大隈は辞任した。大蔵卿に就任した松方正義は、イギリス流自由主義を取り入れて民営の火災保険を主張したため、結局、国営火災保険は実現しなかった。

　しかし、火災保険に対する人々の関心は高まり、1887年に東京火災保険会社（安田火災海上の前身）が設立された。ついで、1891年に明治火災保険株式会社（東京海上火災の前身）、1892年に日本火災保険株式会社（日本興亜損害保険の前身）など、相次いで火災保険会社が設立された。

　その後、1907年に火災保険協会が設立されて、火災保険料率協定が実施されるに至り、日本の火災保険の近代化が進められていった。

2-4 ｜ 生命保険の歴史

相互扶助から保険制度へ

　生命保険の歴史は、近代的生命保険が誕生するまでは、海上保険や火災保険ほど明確なものはない。古代ローマ時代において、下層民や奴隷階級の共済組織としてコレギア・テヌイオルム（Collegia tenuiorum）と呼ばれる仕組みがあった。これは、組織の会員が死亡した際に、葬儀費用の支給や遺族扶助を行うための準備として存在していたとされ、生命保険と似た性格を認めることができる。

　中世期に、商人や手工業者は、市場、技術、価格などの維持安定を目的に独占的排他組織として同職組合（Guild：ギルド）を組織した。同時に、ギルドは、組合員の相互扶助組織として、組合員に不慮の事故が発生した場合には遺族を助ける仕組みを持っていた。16世紀後半には、短期の死亡保険が貸付金の担保として利用された例もあるが、海上保険の発展とともに保障範囲

を拡大して、船長や船員の「生命」にも保険が付けられるようになった。やがて、契約者に何の利害もない囚人や有名人までも対象となったことから、反道徳的な行き過ぎた行為に対して、「命をめぐる賭博」として取引が禁止されることになった。このような原始的な生命保険が、近代的な生命保険に発展していったわけでは決してない。近代的な生命保険が形成されるためには、生命表や保険数学などの科学的基礎が必要であった。

　本格的な生命保険の登場は、資本主義経済の発展とともに、人々の生活保障の必要性が高まったことに由来する。1706年、イギリスでは、ジョン・ハートレー（John Hartley）によって、「アミカブル・ソサイエティ（Amicable Society）」という生命保険会社が設立される。ただしこの保険会社では、保険料率が年齢に関係なく一律（12歳から45歳は一律保険料）という粗雑な算定方式を採用していた。しかも、これ以外の年齢については引受けを拒否したことから、広く保険を普及させる仕組みには至っておらず、前近代的な手法が取られていたのであった。

生命表の発見

　近代的生命保険の成立を可能にしたのが、「生命表」の発見であった。ハレー彗星の発見でも知られるエドモンド・ハレー（Edmond Halley）は、1693年、世界最初の生命表を作成した。これは、ブレスラウ市の人々の出生と死亡についての観察結果から平均余命に関する法則性を発見したもので、出生時には約33年、5歳時には42年、25歳時には35年、40歳時には22年、60歳時には12年、80歳時には6年であることを見出したのであった。

　英国の数学者、ジェームズ・ドドソン（James Dodson）は、生命保険への加入を希望したが拒否されたことから、このハレーの生命表を活用して近代生命保険の基礎理論を確立し、1762年にイギリス・ロンドンで、「生命表」を利用した世界最初の近代的生命保険会社エクイタブル生命（The Equitable Life Assurance Society）を設立した。同社では、保険期間を通して一律の保険料を設定する「平準保険料方式」が採用され、これが現在の生命保険の保険料計算の原型となる。当時は、主として資産家や上級労働者が加入した。

トンチン年金

　生命保険思想の普及に大きな影響を与えたとして知られているのがトンチン年金である。これは、17世紀フランスのルイ14世（1643-1715）治世下で、相次ぐ戦争と奢侈によって極度に逼迫していた国家財政を立て直すために、イタリア人のロレンツォ・トンチ（Lorenzo de Tonti）が考案したとされる終身年金制度である。簡単に仕組みを説明すると、まず、政府は資金を集めるために大量の公債を発行する。政府は、出資者を年齢ごとの集団に分けて、出資に対する利子として毎年一定額を各集団内の生存する出資者に年金の形で分配する。ここで、生存者は年々減少していくために、1人あたりの年金受取額は、次第に増加していき、最後の生存者は利子の全額を受け取れる。そして最後の1人が死亡すれば、利子の支払はやめて、公債元金は政府の所有とするというものである。フランスだけでなく、当時の欧州各国（オランダ、イギリス、ドイツなど）でも広く利用されたとされる。

　しかしこの仕組みは、人々の射幸心に訴える一種の投機性を帯びたもので、人の死を喜ぶという道義的問題が批判を浴びることになった。また、次第に国庫負担が重くなり、18世紀半ばには廃止された。こうした批判がある半面で、資金と人の生存とを結合するという生命年金的思考を刺激し、さらに、利子計算および人の生死に関する数理的研究に人々の注意を向けさせ、生命保険成立の基盤を提供した功績は大きかった。

民間保険の普及から社会保険の導入へ

　さらに、産業革命により給与所得者が急増すると、上級労働者は資本主義の行き過ぎに対する自己防衛組織として友愛組合（friendly society）を誕生させ、生活保障をめぐる相互扶助を行う。これが、後に労働組合へ発展、全国組織化された。

　一方、低賃金労働者に対しては、1854年、イギリスの金融・保険会社であった英プルデンシャル（The Prudential Mutual Assurance, Investment and Loan Association）社が、小口・無審査の簡易な生命保険である簡易保険（industrial insurance）を開発し（1860年に廃止）、生命保険が一般市民に普及する契機と

なった。

　民間保険の普及は、社会保険の導入にも大きな影響を与えた。ドイツでは、宰相ビスマルク（Otto von Bismarck）が、社会主義者鎮圧法（1878）を制定して労働運動を厳しく抑圧する一方で、国民への福祉政策として、疾病保険（1883）、労災保険（1884）、老齢年金（1889）などを導入した。これは、いわゆる「飴と鞭」政策として有名な政策である。そして、これが世界最初の社会保険であった。

　イギリスでは、アスキス自由党内閣の大蔵大臣であったロイド・ジョージ（David Lloyd George）が、1911年に国民保険法を制定して、健康保険と失業保険が創設された。社会保険の登場は、社会保障制度を中心とした戦後の福祉国家建設の礎となった。

日本の生命保険

　わが国の近代的生命保険は、イギリスより120年以上遅れて導入された。上述したように、1880年に安田善次郎によって「共済五百名社」が創設されたが、これは、加入者を500名に限定して、死亡遺族に一定金額を支給するという生命共済の仕組みであった。日本で最初の近代的な生命保険会社は、1881年に設立された明治生命保険会社であった。資本家からの出資を受けて株式会社を組織し、予定利率を採用するなど堅実な経営を行って、生命保険の発展に大きく貢献した。

　このとき、日本には、自国の生命表はまだ存在しておらず、イギリスの生命表を利用して設計された。それでも大きな混乱が生じなかった理由として、当時の加入者が、①比較的富裕層で医療を受けやすい人であったこと、②予備的審査に十分に留意したこと、③予定利率が年4％とかなりの低めに設定されていたこと（当時の公債金利は年10％であった）、などがあったと考えられる。その後、1891年に、日本で最初の生命表（第1回生命表）が作成されて、自国の統計に合わせた生命保険制度が築き上げられていった。

2-5 | 資本主義経済と近代的保険

（1）　資本主義経済の発達と近代的保険

商業資本主義と保険

　保険制度は、資本主義経済の発展と密接なつながりをもって成長してきた。資本主義経済の誕生は、イギリスのエリザベス 1 世（1533-1603）の商業資本主義の時代である。島国であるイギリスは、商業資本家による貿易（輸出）を積極的に振興し、航海法を制定するなど、海運業を保護育成した。航海技術も発達し、海図の精密化、船舶の安全化に向けて、情報収集を行った。

　海上貿易の発達は、海上保険の必要性を高めることになった。それまで、金融業者が副業として海上保険を扱っていたが、次第に海上保険を専門とする商人グループが登場した。1568年に王立取引所（Royal Exchange）が設立されると、金融・保険業務が本格的に取り扱われるようになった。17世紀末には、個人保険業者による組合であるロイズも設立され、株式会社形態の保険会社も相次いで登場し、ロンドンは海上保険の中心地となった。

産業資本主義と保険

　保険制度が経済社会へ本格的に浸透したのは、産業資本主義の時代である。その契機となったのは、18世紀後半以降の産業革命であった。当時、技術革命によって生産力が飛躍的に向上し、大量生産・大量販売が可能となった。資本家は大規模な資本投下を行い、工場を建設して生産性を拡大した。その結果、巨額の利益を獲得する機会が増えた一方、いったん火災などが発生すると多額の損害を被るなど、事業リスクが多様化・巨大化・集積化した。そうしたリスクから逃れる方策として、企業にとり火災保険が不可欠となっていった。

　資本家だけでなく、資本家に雇われる労働者も、保険の必要性が生じてくる。労働者は、自らの労働力を資本家に売ることで、その対価として賃金を得て生活の豊かさを求めていく。賃金を日々の生活に費やすだけでなく、家

屋や家財を購入することで、個人財産を蓄積していくことになった。そうした豊かさを守るために、労働者も保険の必要性を認識するようになった。労働者自身が不慮の事故や病気で死亡した際には、残された遺族を保障する方法として、生命保険は大きな支えとなる。また、個人で築き上げた家屋を火災リスクから守るためには、火災保険が必要であった。

　このように、資本と労働が分離する資本主義経済の発展は、それぞれに保険の必要性を高めることになった。こうした保険ニーズの顕在化の中で、保険会社も保険技術を高度に進展させて、近代的保険へ大きく飛躍することになった。現代まで存続している生命保険、火災保険、海上保険などの中核的な保険は、この時代に整ったのである。

金融資本主義と保険

　その後、保険業はさらなる発展を続け、20世紀以降の金融資本主義の時代において、絶大な経済的影響力を保持するに至った。この時代には、資本主義が過度に進展し、とりわけ金融資本が産業資本を支配するようになった。巨大な資本を有する資本家は独占的利益を蓄積し、資本を蓄積できる資本家と労働力を蓄積できない労働者との間に決定的な経済格差が生じていく。

　この中で、保険業は、金融機関としても成長し、機関投資家として経済的影響力を持つに至る。特に生命保険は、保険資金の長期性を利用して産業界を支配する傾向が強まる。また、政府も保険資金を国家財政に利用するための政策的要請を強める。一方で、保険会社が強大化することで、相対的に保険契約者との経済交渉力に決定的な格差が生まれたために、政策介入の必要性が高まる。また、経済的弱者である保険契約者を保護する目的で、保険規制の整備が進められた。

（2）　近代的保険の特徴

　既述のように、保険は、商人同士の経済取引におけるリスク対処策として萌芽を見せ、海上保険の誕生とともに確立した。その手法は、火災保険や生命保険に発展方向を示すことになった。初期段階では、十分な統計もなくま

図表2-5　集団性における原始的保険と近代的保険

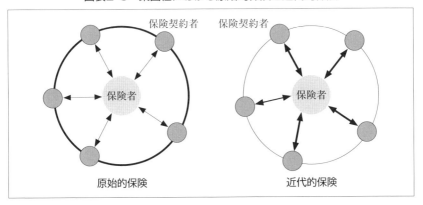

た保険技術としても未熟であり、さらには経済基盤も脆弱であった。いまだ原始的保険と呼ぶべき段階であったのである。

　原始的保険が近代的保険へ昇華する契機となったのは、生命表の発見や統計の整備などを根拠とした科学的な保険技術の発展であった。現代保険に連なる近代的保険の誕生は、さまざまな形で原始的保険とは異なる特徴を有することになった。

　まず、原始的保険から近代的保険への発展過程において着目すべきは、集団性の関係である。図表2－5に示したように、ギルドなどの原始的保険では、保険契約者（保険加入者）の相互のつながりが強い中で、保険者（保険制度の運営主体）は保険取引を代行する性格が強い。これに対して近代的保険では、個別の契約において保険数理的公平性に依拠した保険料によって、保険取引が行われる。ここでは、保険契約者どうしの関係は希薄になって、保険者と保険契約者の個別の契約が強調されることになる。

　以上から、原始的保険と近代的保険の特徴を比較・整理したのが図表2－6である。まず保険団体という概念で比較してみると、原始的保険では、規模が小さいので参加者相互がある程度認識できるのに対して、加入者数が増大するにつれて保険集団は実在を認識しにくくなり、むしろ虚構性を帯びてくる。保険者と保険契約者の間の保険取引を見ると、原始的保険は、相対（あいたい）

図表2-6　原始的保険と近代的保険

	原始的保険	近代的保険
保険団体性	実在的	虚構的
保険取引	相対的取引	市場的取引
当事者間の関係性	当事者間が対等	保険会社の優位性
保険数理性	確率計算が不十分	合理的確率計算に基づく
保険集団の同質性	低い	高い
保険給付の性質	必要に規定された保険給付	契約に規定された保険給付
相互扶助性	精神的相互扶助	制度的（機能的）相互扶助

的取引であるため柔軟で個別的な交渉がなされやすいのに対して、近代的保険では、保険市場の存在を前提として、ルールに基づいた市場的取引がなされる。保険者と保険契約者の当事者間の経済的地位を比較してみると、原始的保険は、両者に決定的な経済格差はないのに対して、近代的保険は、巨大資本を擁する保険者と相対的に経済力の弱い契約者の間の取引となっている。

　保険数理性を見ると、原始的保険はまだ十分に確立していない部分が大きいが、近代的保険では、合理的な確率計算に基づいて保険料が算出される。これにより、近代的保険では、保険集団の同質性を図るのに対して、原始的保険では、その程度は低いと言える。この特徴に関係して保険給付の性質を見ると、原始的保険では、必要の度合いにより給付（額）が規定される要素が残されているのに対して、近代的保険では、あくまでも事前の契約に基づいて保険給付が行われる。

　最後に、相互扶助性の観点に照らすと、原始的保険のほうが相互扶助性は大きい面があるが、近代的保険では契約性が強調されるために、自己責任原則が重視され、あくまで制度上あるいは機能上の相互扶助に留まる。

2-6　現代社会の理念と保険制度

　保険の歴史は、経済発展の歴史を反映させてきたものである。経済活動を行うにあたり、商人や船主たちは、安定した利益を追求するために、直面す

るリスクをいかに合理的に処理するか、さまざまな工夫を講じていった。最初は、当事者間でリスクを共有する仕組みが取り入れられたが、その後、リスクを専門的に引き受ける金融業者の出現により、金融業者と商人や船主などの間での、リスクをめぐる純粋な経済取引として保険制度が確立していく。

　資本主義の経済活動が持続的に行われるためには、契約自由の原則と私有財産制が認められる必要がある。契約自由の原則とは、個人は社会生活において自己の意思に基づいて自由に契約を締結して、私法関係を形成できるというものである。これに対して、私有財産制は、財産とは個人によって支配される資産であり、財産の支配は個人に排他的に属するような社会制度である。

　一般国民にも自由な経済活動が認められ、その活動を通じて獲得した財産については、自由に処分することが認められなければならない。しかし、同時に、国民生活において存在するさまざまなリスクに対しては、自分の裁量で対処しなければならない。すなわち、自由主義と個人主義が尊重されるに伴って、個人生活は自己責任の原則に立脚することになる。

　こうした思想の浸透は、保険に対する人々の関心や需要を高める大きな要因となった。資本主義社会において、一般国民は、労働力を資本家に売ることによって賃金を得て、それで生活を賄う。したがって、いかに市場価値のある労働力を維持するかということが重要になる。そして、自由契約制に基づいて、保険に加入するかどうかも個人の自由選択に任されることが原則となる。

　資本主義経済とは、資本家が利潤獲得を動機に、自由な企業活動を行う経済体制である。近代市民社会を支える資本主義経済では、人々は、経済的自由を保障されると同時に原則として自己責任が要求される。

　近代的保険は、こうした資本主義経済の理念を前提として発展してきた。保険者は、営利主義と合理主義を動機に保険事業を運営する。これに対して、保険契約者は、個人主義と自由主義を動機に保険を選択・購入する。保険者と保険契約者の両者の合意のもとに、保険契約は成立するのである。

自習用研究課題

1. 福澤諭吉は、わが国の近代的保険の発展にとって、どのような貢献を果たしたと言えるか。

2. 保険の歴史を辿るとき、海上保険、火災保険、生命保険という順番で発展してきたが、その背景にはどのような経済的・社会的要因があるか。

3. 近代的保険は、契約自由の原則と私有財産制を支柱とする資本主義経済を大前提としては成立・発展した。そのことが、近代的保険の発展にいかなる意味を有しているか。

4. 近代的保険にとって、保険市場の存在はどのような意味を有しているか。また、保険制度の成立において、保険会社が果たしている役割は何か。

第3章
保険の理論

┌─〈本章のねらい〉───────────────────────────
│　本章では、保険の基本理論と保険の諸機能について学習する。保険は、
│「大数の法則」に基づいて、「給付・反対給付均等の原則」と「収支相等
│の原則」の二大原則によって成立する。その前提として、保険が対象と
│するリスク（確率）の意味を正しく理解しておこう。さらに、必要とな
│るリスク分類の意義と効果、そして限界について、効率性と公平性の観
│点から考える。最後に、保険が果たしている「経済的機能」と「付随的
│機能」について取り上げる。
└────────────────────────────────────

3-1 | 生活リスクと保険

（1）　リスク・自由・責任

　人の生涯は、多くの不確実な事象の連続である。時には、幸運にも好結果
をもたらすこともあるが、半面、予測できない不幸に見舞われる可能性もあ
る。たった一度の不幸が人生の転落につながるのではないかという不安は、
人々が共通して持ち合わせている感情だろう。一般的に、こうした損失発生
の不確実性を「リスク」と呼び、人々が生活上で直面するリスクを「生活リ
スク」と呼んでいる。

　現代社会において、個人生活や企業活動は、さまざまなリスクに取り囲ま
れている。人々は、生活水準を向上させ、豊かさを享受したいと望み、労働
に従事する。しかし、生活が豊かになると、現在の生活水準を維持したいと

考えるようになり、生活崩壊につながるリスクの存在に不安を感じるようになる。他方、企業は、多くの利益を獲得するために、事業の拡大を目指して経済活動に従事する。しかし、企業が経済活動を行うためには、進んでリスクに挑戦しなければならない。

　資本主義経済においては、自由な経済活動が保証され、利得の自由な処分が容認される一方で、自分に及んだ損失や災難の結果に対しては自らの責任で処理しなければならない。そして経済生活の豊かさを享受するためには、リスクに挑戦するだけでなく、あらかじめリスクに備えておく必要がある。自由主義と個人主義を基本理念とする資本主義経済では、利益も損失も、成功も失敗も、最終的には個人や企業に跳ね返るものなのである。これを、「生活自己責任の原則」と呼ぶ。

（2）　文明水準のバロメータとしての保険

　保険は、リスク処理策の1つであり、共通のリスクを保有する人々が集まって、合理的かつ効率的に処理することを目的として作り出された、人間の知恵が凝縮された制度である。保険制度により、リスクは社会化され、独自で負わなければならないリスクを保険者に転嫁することができる。

　ただし、誰しも見知らぬ誰かを助けようとして保険に加入することはない。われわれは、各自が負わされたリスクから解放されたいと願って、保険に加入するのである。現代社会では、保険に加入して事前にリスクに備えない限り、誰も自分を保障してくれないからである。

　保険に加入するのは、個人的動機による。それが契約自由の原則であり、私保険の基本理念である。そして、保険の本質的意義は、事前に自らのリスクに応じた保険料を負担することで、自己責任を果たすことにある。保険金が給付されるかどうかは、あくまでも保険事故の偶然的発生の結果にすぎない。

　保険は、生涯を通じて深い関わりを持つことから、状況に応じた段階的な取り組みが重要である。まず、われわれが社会生活を営むうえでは、自己責任を原則として、生活上のリスクを管理（リスクマネジメント）する必要が

ある。そして、保険がどのような理念に基づいて存在し、いかに機能するか
を考えることは、現代社会の本質を理解することなのである。

　リスクに備えるという意味では、貯蓄もまた保険と類似した経済的保障機
能を備えている。しかし、災害発生の不確実性がある（いつ、誰に、どれだ
けの損害規模で発生するかはわからない）場合には、貯蓄では十分に対応でき
ない。

　毎日の生活に追われ、明日を思いやる精神的余裕のない人間は、将来に対
する不安に備えようとすることはない。人は、守るべき財産が大きいほど、
経済的保障を求めるものである。「保険の発達の程度がその国の文明水準の
バロメータとなる」としばしば言われるように、経済社会が高度化・多様化
するに伴い、保険に対する需要は高まる傾向が見られる。

3-2 ｜ 大数の法則と確率

（1）　リスクとロスの関係

　保険を学ぶにあたり、まずリスクとロスの関係を正しく理解しよう。「リ
スク（Risk）」とは、損害発生の不確実性であり、「ロス（Loss）」を発生させ
る原因である。さらにリスクは、「ペリル（Peril）」と「エクスポージャ
（Exposure）」と「ハザード（Hazard）」の 3 つの要素から構成される。ペリル
とは、リスクの原因となる要素である（図表 3 - 1）。例えば、火災を発生さ
せる火、水害を発生させる洪水などである。エクスポージャとは、損害が及
ぶ主体をいう。火災であれば家屋、自動車事故であれば自動車である。そし
て、ハザードとは、ペリルがエクスポージャに対してリスクに発展する環境
要因をいう。例えば、火災の場合、火と家屋が別々に存在しているだけでは
リスクにならない。そこには、火災に至るための燃えやすい環境要因が存在
しなければならない。例えば、ガスが充満しているとか、燃えやすい材料が
近くにあるとか、火災が発生する可能性を高める要因があるだろう。リスク
は、これらの 3 つの要素が複合的に作用することで、ロスを発生させる原因
となる。

図表3-1　リスクとロスの関係

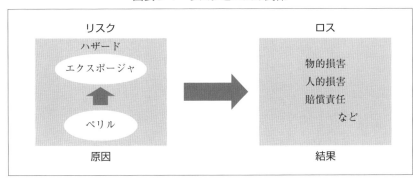

一方、ロスは、リスクによってもたらされる損害であり、リスクが及んだ結果として生じるものである。ただし、リスクが存在すると必ずロスが発生するわけではない。ロスは、リスクの存在する状況から、一定の偶然性すなわち確率をもって発生する。リスクは、発生確率（r）が0と1の間で存在する（$0 \leqq r \leqq 1$）と理解できる。この時、$r = 0$ は、損害が発生する可能性がゼロということであるからリスクではない。つまり、リスクは $0 < r \leqq 1$ と捉えることが妥当である。

このようにリスクを数値化して客観的に捉えることで、「リスクが高い」とか「リスクが低い」という表現が可能となる。保険が合理的にリスクを処理するためには、このリスクをできるだけ正確に把握することが重要となる。

（2）　大数の法則と保険

保険を設計する際、リスクをどのように把握するかが最も重要な問題である。保険は、「大数の法則（the law of large numbers）」に基づいてリスクを把握するものと一般的に理解されている。しかし、この場合の大数の法則が意味する内容については、少し注意しなければならない。

リスクは、発生頻度（事故の確率）と損害規模（損害の大きさ）の合成として捉えられる。確率は、大別すると、「主観的確率」と「客観的確率」の2つからなる。主観的確率とは、個人の判断に基づく確率である。個人が、ど

図表3-2　不確実性レベルとその事例

不確実性のレベル	特徴	事例
レベル 0	結果が確実に予見できる	物理法則、科学技術
レベル 1 （先験的確率）	結果が認識でき、確率が正確に認知できる	カードゲーム、ダイス、宝くじ
レベル 2 （経験的確率）	結果が認識できるものの、確率が正確に認知できない	自動車事故、火災
レベル 3 （主観的確率）	結果が認識されず、確率も未知である	地震災害、自然災害

のような頻度で事故が発生すると認知しているかである。

　他方、客観的確率は、一定の要件のもとで発生する事象の相対的頻度である。さらに、客観的確率は、「経験的確率」と「先験的確率」の2つに分けられる。経験的確率とは、過去の統計に基づく確率で、統計的確率あるいは頻度主義的確率とも呼ばれ、多数の事象の観察から入手される。

　これに対して先験的確率とは、数学的確率あるいは理論的確率とも呼ばれ、事象の性質から演繹的に推論できる確率を指す。起こりうる事象が先験的に（あらかじめ）わかっているものである。最後に、不確実性レベルがゼロ、すなわち確実性が高い状態とは、結果が完全に予見できる状態である。

　これらを表にまとめると、図表3-2のようになる。不確実性のレベル0とは、ある事象が確実に起こる状態である。不確実性レベル1は、先験的確率の状態である。すなわち、結果が認識でき、発生確率も正確に認知できる。カードゲームやサイコロ、宝くじなどの事象は、これに当てはまる。不確実性レベル2は、経験的確率である。この場合は、結果を認識できるものの、発生確率を正確には認識できない状態である。保険事故に関わる事象は、これに当てはまる。最後に、不確実性レベル3は、主観的確率である。これは結果も認識されず、確率も未知なものである。地震災害については、近年の地震研究の進歩で、かなりの程度まで被害を予測できるようになったが、まだ地震発生を予知できる段階には至っていない。

　これらの不確実性レベルのうちで、保険は、主にレベル2の経験的確率に

基づいて制度設計を行う。すなわち、過去に発生した多くの事象を観察する中から、一定の法則性を見出し、客観的リスクとして捉えるのである。観察数が増えるほど、現実の損失値は、予想される損失値に近づいていく。保険は、大量観察から得られる経験的確率を、可能な限り理論的確率に接近させることで、保険設計の信頼性と安定性を確保しようとする技術である。このように、保険における大数の法則とは大量観察の法則というべきものである。

保険者は客観的確率に基づいて保険を設計するのに対して、個人は主観的確率を意識しながら、保険加入の是非を決定する。理論的には、主観的確率と客観的確率が一致する場合に、最適で効率的な保険取引が行われると考えられる。しかし、両者が不一致となる場合には、異なる現象が生じるだろう。主観的確率が客観的確率よりも大きい場合、つまり個人が認識している確率よりも、保険者による客観的確率が低い場合、保険者の設定する保険料は個人の目には割安に見える。したがって、個人は積極的に保険に加入するだろう。

逆に、主観的確率が客観的確率よりも小さい場合、個人にとってあまり有利な保険とは認めにくい。個人は「そこまで高い保険料を支払うほどのリスクではない」と感じるからである。それゆえに、保険の需要が顕在化しにくく（つまり、個人は保険の加入に消極的になり）、保険の販売は困難になる。この場合、保険会社は、保険勧誘を通じて客観的確率すなわち客観的なリスクの大きさを消費者に理解してもらう努力が必要となる。

（3） 中心極限定理と保険

大数の法則は、より正確に表現すると、「確率変数X_1、X_2、……が互いに同一の分布（平均をμ、分散をσ^2とする）に従うとすると、母集団から無作為抽出した標本平均は、標本が十分に大きくなるにつれて母平均μに近づく」というものである。つまり、多くの事象を観察することで、標本平均（抽出した集団の平均）が母平均（集団の真の平均）に近づくことを示している。

保険において観察され収集される統計は、さまざまな性質を持っているが、それにもかかわらず、保険者が多数の統計を集めることで信頼できる保険集

団と見なしうる。この根拠となるのが、「中心極限定理（the central limit theory)」である。これは、「X が平均 μ、標準偏差 σ のある分布に従うならば、大きさ n の無作為標本に基づく標本平均は、n が無限に大きくなるとき、平均 μ、分散 σ^2/n の正規分布に近づく」というものである。ここで示されている内容は、標本平均と母集団の平均の差が、平均 0、分散 σ^2/n の正規分布に近づくということである。

　これはつまり、標本集団の分布がどのような性質を有していても、標本が大きければ、その平均は正規分布に近づくことを示している。保険は、大数の法則よりも、むしろ中心極限定理を根拠にして設計されていると言ってよい。

　損害保険の場合には、通常、生命保険と比べて、多様な性質を有するリスクを取り扱うことから、標準偏差（分散）は大きくなる。しかし、そうした分散の大きいリスクであっても、多数の契約を集めることで保険設計が可能となる。つまり、保険者が対象とするリスクがどのようなものであろうとも、多数集めることで平均は正規分布に接近することを示しており、この原理を応用することで、保険経営の安定性は確保されているのである。

3-3 ｜ 給付・反対給付均等の原則と収支相等の原則

（1）　給付・反対給付均等の原則

　客観性をもってリスクが把握されたとしても、個人にとっては、リスクを自らの行動に合理的に反映させることは難しい。個人にとっての損害の可能性は、実際には、損害を受けるか、受けないかのどちらかであり、その中間ということはありえない。

　われわれの経済生活に存在するリスクを経済合理的に処理する仕組みが、保険である。そして、保険制度を運営する主体である保険会社（＝保険者）と契約者（＝被保険者）との間では、リスク（＝発生確率）を介して合理的取引が行われる。すなわち、契約者が支払う保険料は、受け取る保険金の期待値（危険度と保険金額の積）と一致するように設定されなければならない。こ

のことを「給付・反対給付均等の原則」という。これを簡単な関係式で示せば、保険料をP、危険度をω、保険金をZとするとき、$P = \omega Z$と表現できる。これは、「保険数理的公平性（actuarial fairness）」を要求する原則であり、「レキシス（W. Lexis）の法則」とも呼ばれる。

　給付・反対給付均等の原則は、個別契約における公平性を求める原則であり、ミクロ（個別契約）の等価原則を規定するものである。また、上記の等式において、左辺は確定したコストであり、右辺は発生不確実なリスクに置かれた状況を示している。両者が等式で結ばれていることは、リスクが等価でコスト化されていることを意味する。つまり、保険は、契約者が保有する不確実性（＝リスク）を、保険料というコストを負担することで、保険者に転嫁する仕組みであると理解できる。

　個別の保険契約における公平性が実現されれば、あわせて契約者間の公平性も保証することになる。これは、保険契約の個別性を意図するものであると同時に、保険があくまでも自己責任原則に基づいた経済取引であることを示すものでもある。さらに、この給付・反対給付均等の原則から、個別リスクの大きさに応じた保険料設定を行うためには、リスクの分類が必要であることが導かれる。

（2）　収支相等の原則

　他方、保険制度全体から見るとき、保険事業が継続的に成り立つためには、保険者にとって収入と支出が均衡していなければならない。これを「収支相等の原則」という。具体的には、被保険者数をn、保険事故の発生件数をrとするとき、$nP = rZ$という関係式が成り立たなければならない。この関係式の左辺は収入保険料総額を、右辺は支払い保険金総額を示している。

　保険経営の観点からすれば、全体として支払保険金を上回る収入保険料が必要なので、少なくとも、$nP \geqq rZ$でなければならない。したがって、$nP = rZ$というのは、保険経営の継続のための必要原則であり、保険集団としてのマクロ（保険集団）の等価原則を規定している。

　同時に、この原則は、保険制度が集団性を有することを示唆している。仮

に、個々の契約において給付・反対給付均等の原則が成り立っていたとしても、収支相等の原則が成り立つためには、保険収支が均衡するほどに契約件数が十分に大きくなければならない。つまり、給付・反対給付均等の原則と収支相等の原則は、要求する内容がそれぞれ異なっている。

　ここで重要なことは、前者は個別リスクの大きさに基づいた保険料設定の必要性を説くのに対して、後者は必ずしもそれを求めていないことである。いま、収支相等の原則の$nP = rZ$を、$P = \dfrac{rZ}{n}$に変形してみよう。もちろん、これでも等式は成り立つが、この式の意味することは、支払い保険金総額(rZ)を全ての契約者全員（n）で均等にシェアしても（つまり、リスクの異なる人々の保険料を一律にしても）、収支相等は満たされるということである（この式は、賦課式保険の条件を表現している）。

　しかし、これでは個々の契約者にとってリスクの違いが考慮されておらず、公平とは言えないだろう。したがって、契約者間で公平性が保たれ、かつ保険会社が健全な経営を維持できるような保険制度を設計するには、給付・反対給付均等の原則と収支相等の原則が両立しなければならない。では、どのようなときに、この 2 つの原則が同時に満たされるのか。それは、同質な保険集団が構成されたところで、$\omega = \dfrac{r}{n}$が成立している場合に限られる。こうして、同質な保険集団を構成するために、リスクが適正に分類されることが必要条件となるのである。

3-4 ┃ リスク分類における効率性と公平性

（ 1 ）　リスク分類と資源配分の効率性

　大数の法則を活かしながら、給付・反対給付均等の原則に従うためには、多くの契約者を集めたうえで、リスクに応じた同質の保険集団を構成することが必要となる。すなわち、リスク分類（risk classification）をいかに行うかが重要になる。リスク分類は、それにより契約者間の公平性が達成されるだけでなく、資源配分の効率性を図るものである。

　図表 3 - 3 には、高リスク者と低リスク者の需要曲線が、それぞれD_H、D_L

図表3-3 リスク分類と厚生損失の発生

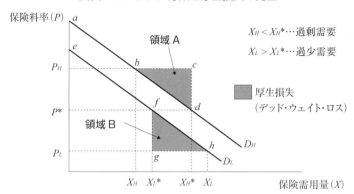

のように描かれている。このとき、リスクを分類して、保険数理的に公平な保険料率を、それぞれP_H、P_Lに設定したとすると、保険需要量は、X_H、X_Lとなる。

　もし、リスクを分類しないで、平均的料率P^*が設定されているとき、高リスク者と低リスク者の保険需要量は、$X_H{}^*$、$X_L{}^*$となる。すなわち、高リスク者は最適水準よりも過剰な需要を、逆に低リスク者は過少な需要をもたらすことになる。この場合、高リスク者に対して保険料率が適正料率よりも低く設定されているので、保険者が被る総損失は、P^*P_Hcd（$= (P_H - P^*) \times X_H{}^*$）だけ増加する。一方で、高リスク者にとっての消費者余剰（保険取引から消費者が得る便益の大きさ）は、P_Hab から P^*ad へ P^*P_Hbd だけ増える。結局、社会的には、領域A（= bcd）の厚生損失、すなわち、デッド・ウェイト・ロス（Dead Weight Loss: DWL）が発生することになる。他方、低リスク者についても、平均的料率の設定により、消費者余剰は、P_Leh からP^*ef に、P_LP^*fh だけ減少する一方で、保険者にとっては、P_LP^*fg（$= (P^* - P_L) \times X_L$）だけ利益が増加する。つまり社会的には、領域B（=gfh）の部分にDWLが発生することになる。

　ここで、図中の領域Aは、高リスク者に過剰需要を認めることによって生じる損失であり、保険者が高リスク者に対して与える利益であるのに対して、

領域Bは、低リスク者に過少需要を強いることによって生じる損失であり、保険者が低リスク者から受け取る利益である。つまり、リスク分類が行われないことで、社会全体の非効率だけでなく、利益を受け取る契約者と不利益を被る契約者が生じることになる。

　リスクに応じた料率分類を行わないことで、保険システムに経済非効率が発生するのであるが、注意すべきことは、その損失が最終的に誰に帰属するかである。平均的料率を設定すると、保険者は、高リスク者に対して損失を被ることになる一方で、低リスク者からは利益を受ける。保険者にとっては、高リスク者と低リスク者の構成割合によって、リスク分類を行うインセンティブの強さが決まるであろう。

　保険者にとって利得が確保されている限り、平均的料率が維持される可能性はある。半面、保険者は、危険選択を強化し、低リスク者に対してより安い保険料率を設定することで、多くの低リスク者を獲得して利益を増大させようとするインセンティブも働く。したがって、リスクをどのように分類するかは、保険者が置かれた競争状況に大きく依存することになる。

（2）　リスク分類と契約者間の公平性
水平的不公平と垂直的不公平

　リスク分類は、保険集団の同質性を図ることで、保険数理的公平性（actuarial fairness）を実現するために必要である。しかし、現実は、実際のリスクに応じて、正確にリスクを分類できる保証はない。そこでは、真のリスクとリスク分類との間に離齬が生じる可能性がある。

　図表3-4は、リスク分類による契約者間の不公平性の発生構造を示したものである。実際のリスクが高リスク者と低リスク者から構成されているとした時、保険者は、両者を区別するために分類要素を採用する。それに従って、HグループとLグループに分類するのだが、高リスク者をHグループへ、低リスク者をLグループへと完全に分類できない場合には、不正確なリスク分類によって2つの不公平性が発生する。

　1つは、本来、同質な集団でありながら不平等に扱われることによる不公

図表3-4　リスク分類と契約者間の不公平性

リスク分類

実際のリスク		Hグループ	Lグループ
	高リスク者	＜1＞	＜2＞
	低リスク者	＜3＞	＜4＞

平で、図中では、＜1＞と＜2＞、＜3＞と＜4＞の間で生ずる。これを、「水平的不公平（horizontal inequity）」と呼ぶ。もう1つは、本来、同質な集団でないにもかかわらず平等に扱われてしまうことによる不公平で、図中では、＜1＞と＜3＞、＜2＞と＜4＞の間で生ずる。これを、「垂直的不公平（vertical inequity）」と呼ぶ。本来は、高リスク者は＜1＞に、低リスク者は＜4＞に配分されることで、公平性が保たれる。しかしながら、リスク分類が完全でないために、実際には、＜2＞や＜3＞にも配分されてしまう。そのために、水平的不公平と垂直的不公平が発生することになる。この2つの不公平性は、リスク分類のあり方によって、それぞれに異なる動きを見せる。

　これを簡単なシミュレーションを用いて、もう少し説明してみる（図表3-5）。いま、高リスク者（H）10人と低リスク者（L）10人が1つの保険集団に入れられているとしよう。このとき、水平的不公平は生じていない。なぜなら、自分と同じリスクを有する人全員は同じ保険料が設定されているからである。しかし、自分と異なるリスクの人が、自分と同じ保険料が課されていることの不公平感、すなわち垂直的不公平が生じている。その不公平感は、低リスク者（L）が高リスク者（H）に対するものと理解できる。その各個人が感じる不公平感を等しく1とすると、垂直的不公平は全体で100（＝10×10人）となる（ケース①）。

　次に、保険者がリスク分類の情報を獲得して、高リスク（H）の1人が＜1＞へ、低リスク者（L）の1人が＜4＞へ、それぞれ適正な料率区分に配分されて、残りの契約者は、これまで同様に1つの保険集団として同じ保険料が設定されるとする。この時には、新たに水平的不公平が生じることに

図表3-5　保険集団の構成と不公平性

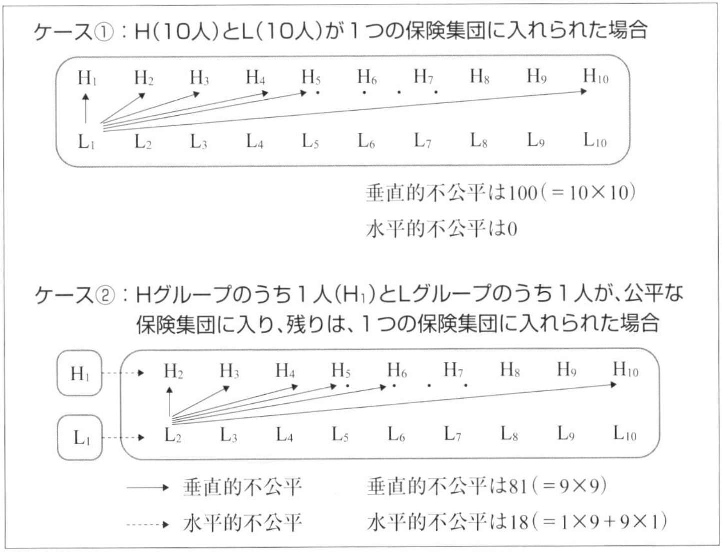

ケース①：H(10人)とL(10人)が１つの保険集団に入れられた場合

垂直的不公平は100（＝10×10）
水平的不公平は0

ケース②：Hグループのうち１人(H₁)とLグループのうち１人が、公平な
保険集団に入り、残りは、１つの保険集団に入れられた場合

⟶　垂直的不公平　　垂直的不公平は81（＝9×9）
‥‥▶　水平的不公平　　水平的不公平は18（＝1×9＋9×1）

なる。すなわち、＜１＞に配分された契約者は、同一保険集団に残っている
９人に対して、不公平感を抱くだろう。他方、同一保険集団に残っている９
人の低リスク者（L）は、＜４＞に配分された契約者に対して不公平感を感
じることになる。水平的不公平への大きさの合計は、18（＝１×９人＋９人×
１）である（ケース②）。

　これに対して、同一の保険集団に据え置かれている契約者の間では、９人
の低リスク者（L）が９人の高リスク者（H）に対して、垂直的不公平が発
生している。その大きさは、81（＝９×９人）となる。

　さらに、高リスク者（H）の２人と低リスク者（L）の２人が、それぞれ
適正な料率区分である＜１＞と＜４＞に配分されたとすると、水平的不公平
は、36（＝２×８人＋８人×２）、垂直的不公平は、64（＝８×８人）と変わる
ことになる。

　このように考えると、リスク分類の適正化が進められることで、垂直的不
公平と水平的不公平は、それぞれ別々の変化を見せることになる。それらを

図表3-6　リスク分類の適正化と不公平性

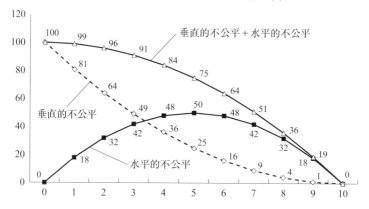

　図示すると、図表3-6のようになる。垂直的不公平は、リスク分類を適正化するにつれて、一貫して減少を示している。これに対して、水平的不公平は、リスク分類を行うことで初めの段階では上昇していくが、真ん中を過ぎると減少傾向に入る。そして、全体としての不公平（＝垂直的不公平＋水平的不公平）は、一貫して減少することになる。

　ここで注意すべきなのは、リスク分類が十分と言えない状況では、水平的不公平が高まっていくことである。すなわち、これまで同じリスクで同じ保険料が設定されていたにもかかわらず、新たなリスク分類の導入によって保険料格差が発生し、一部の契約者に相対的に不公平感を与えてしまう可能性がある。このように、個々の契約者を見るときには、リスク分類の導入が常に契約者間の公平性を改善するわけではないということになる。

リスク分類と内部補助

　リスク分類は、契約者間の公平性を図るための手法であるが、いかなるリスク分類を導入しようとも、それが完全でない限り不公平性は発生する。そうした状態では、高リスク者のコストの一部を、低リスク者が負担するという構造が発生していることになる。そうした状態を、経済学用語で、「内部補助（cross subsidization）」が存在しているという。上述した給付・反対給付

均等の原則では、リスクに応じた保険料率が設定されることが契約者間の公平性であり、内部補助は、原則的には生じてはならないことになる。

　しかし実際の保険取引では、内部補助の発生しないリスク分類はありえない。個別の契約者のリスクを完全に反映したリスク分類は、現実的でないし経営的にも合理性を欠いているからである。つまり保険制度は、一定限度の内部補助、言い換えれば不公平性を内包しながら、全体としての合理性を追求することで成り立っていると言える。問題は、どこまでの内部補助、すなわち不公平性を容認するかということである。

　経済システムとしての保険制度は、リスク分類を導入することで保険集団を構成して、その集団内で効率的で合理的なリスク処理を追求する仕組みであるが、同時に、契約者間の公平性にも配慮することが必要である。ただし、保険者にとっては経営合理性が公平性よりも優先されやすいことから、公平性の問題については、保険料率規制を通じた保険政策の課題として取り上げられることが多い。

　現実の保険制度においては、保険経営の合理性を図りながら、契約者間の公平性をどこまで達成するかが、保険制度の安定性を確保するための重要な課題なのである。

（3）　リスク分類とアンダーライティング技術の発達
アンダーライティング技術の発展

　リスクの分類方法は、アンダーライティング技術の発達に伴って改善されてきた。近代的保険は、リスク分類手法の開発によって進化を遂げてきたのである。その原動力となったのは、保険会社をめぐる利益動機と競争圧力であった。保険会社は、利益を追求するために、保険会社にとって優良な（つまり、保険金の支払いが少なく済む）リスクの低い契約者をできるだけ多く集めるための方策を模索する。多くの資料に基づく統計分析や新しい科学理論の応用など、さまざまな技術を駆使して、競争市場での優位性を目指すための経営努力が図られてきたのである。

　この過程は、3つの効果をもたらした。第1に、公平性の実現である。ア

ンダーライティング技術の発展によってリスクをより正確に把握できるように
なり、リスクに応じた保険料設定が進められることになった。第2には、
優良リスクの契約者にとっては、保険料が引き下げられたことで、これまで
以上に保険を購入しやすくなった。保険料が高くて購入が困難であった人々
に、保険が提供されるようになったのである。そして第3に、これまで引き
受けを拒否されてきた高リスク者に対しても、保険料を負担できる限り、保
険加入が可能になり、保険が提供されるようになった。このように、アンダー
ライティング技術の発展は、リスク分類の精査を通じて、保険取引の公平性
を高めると同時に、潜在的な保険需要を引き出して、保険供給を拡大させる
という効果をもたらしたのである。

　特に、1900年代に入って以降に大きく発展した標準下体（かたい）保険の開発は、保
険の普及発展に大きな貢献を果たしたと言える。それ以前は、高リスク者に
対して、引き受けるか、引き受けないかを二者択一的に処理してきた。しか
し、標準下体保険は、標準保険では引き受けが困難な契約者を、条件を付け
て引き受けるという手法を提示したのである。具体的には、①保険料を割り
増しする方法、②保障範囲を限定する方法、③保険金額に制限を設ける方法、
などがある。これらは、標準体向けの保険は提供されないが、限定的ながら
も保険を入手できることから、保険の普及には有益であると考えられる。

リスク分類の限界

　リスク分類は、アンダーライティングの基本とされるものであり、保険の
合理性を追求するものである。しかし現実は、いくつかの限界が存在してい
る。

　第1に、統計的限界である。リスク分類の基準が誰から見ても客観的に把
握されなければならない。言い換えれば、測定可能で分離可能な分類要素で
なければならない。測定の度ごとに異なる数値が測定されるような要素は統
計的に安定しない。さらには、採用される分類要素は、統計的な有意性だけ
でなく、それがなぜリスクの差異を生じさせるのかについて、因果性をある
程度説明できなければならない。これは、契約者にとっての保険への信頼を

形成するうえで重要である。

　第 2 に、経済的限界である。リスク分類を導入すればするほど、分類される集団は細かくなっていくが、1 つ 1 つを管理するための経費が必要となる。例えば、2 つに区分する分類要素を 5 種類同時に採用したとすると、2 の 5 乗、すなわち、32のリスク区分が作成されることになる。それに伴って、それらを管理するためのシステムその他の費用が必要となり、リスク分類を導入することの経済合理性があるかという問題に直面する。リスク分類が増えることで料率算定プロセスが複雑になり、また契約者にとっても、保険料に対する理解が難しくなる。

　第 3 に、倫理的限界である。リスク分類は、社会的合意が必要である。例えば欧州では、2012年に男女別料率の使用が禁止されている。また、遺伝子（DNA）をリスク分類に使うことも、わが国をはじめほとんどの国で禁止されている。これは、リスク分類によって不当な社会的差別が及んではならないという政策的意図によるものである。つまり、リスク分類においては、「不当な差別（unfair discrimination）」と「合理的な区別（reasonable classification）」を峻別することが重要である。

　このように、実際に採用されるリスク分類は、合理性と同時に、常に一定程度の矛盾や問題点を内包している。言い換えれば、さまざまな要求を取り入れ、それらを止揚して、実務的に到達し実現されたものと理解できる。

3-5 ｜ 保険の経済的機能

リスクのコスト化機能

　次に、保険の経済学的機能を説明しよう。保険は 3 つの大きな機能を備えている。

　第 1 は、「リスクのコスト化」機能である。保険原理が示すように、保険は、発生が不確実なリスクの状態を、確実なコストに転換する。保険業の主要な機能は、確率（危険度）を媒介にしてリスクを費用化することにあり、保険者はこの機能を提供することに対して正当な報酬を主張できるのである。同

時に、リスクがコストに置き換えられることで、契約者は、より合理的な経済活動を営むことができる。

　いま、1000万円の家を所有する個人が、火災で家を焼失することを心配しているとする。保険を利用せずにこのリスクに備えるには、1000万円の資金を蓄えておかなければならない。しかし、保険を利用すれば、比較的少額の保険料を負担することで、多額の損害をもたらす火災リスクから完全に解放される。

　言い換えれば、保険を利用することで、まさに「最小の費用で最大の保障（maximum security at minimum cost）」を実現できるのである。企業においても、事業に伴うリスクを保険によってコストに転換できれば、余裕資金を新たな事業に投資できるので、資金効率を改善し企業価値を増大させられる。このように、保険は、経済活動の効率化の促進に大きく寄与するのである。経済的保障における適時性（必要な時に）、適人性（必要な人に対して）、適量性（必要な保障額を）について、保険は、貯蓄などの他の保障手段と比較して、明らかな優位性が認められるのである。

リスク移転機能

　第2は、「リスク移転」機能である。事前にコスト（保険料）を拠出することで、契約者から保険者へリスクを移転することができる。保険によってリスク自体が消滅するわけではなく、リスクの所有者が、契約者から保険者に移転して、契約者はリスクから解放されるのである。しばしば「保険で安心を買う」と言われるのは、このことである。もし、リスクが実現せず、損害を受けなかった場合には、保険金給付はいっさい行われないが、それは単なる結果にすぎない。保険を購入することで、契約者は既に「損害を被るかもしれない」という不安から解放されていたのであり、そうした中で不幸にも損害を被った場合には、事後的に保険金によって損害填補がなされるのである。保険金が給付され損害が填補されることは保険の直接的効用と言えるが、事前的なリスク移転機能には、それ以上の重要な経済的意義を認めることができる。

リスクプーリング（リスク分散）機能

第3は、「リスクプーリング（リスク分散）」機能である。これは、同質なリスクを多数集合させることで、個人の直面するリスクの標準偏差を軽減させることをいう。簡単な例を用いて説明しよう。今ある個人が、20％の確率で2500万円の損害が発生するリスクに直面しているとする。このリスクの損害期待値は、500万円（$=0.80×0+0.2×2500$）であり、標準偏差は1000万円（$=\sqrt{0.8×(0-500)^2+0.2×(2500-500)^2}$）である。ところが、同一のリスクを持つ個人がもう1人加わり、2人でリスクをプールすると、損害期待値は500万円で変わらないが、標準偏差は707万円（$=\sqrt{0.64×(0-500)^2+0.32×(1250-500)^2+0.04×(2500-500)^2}$）に低下する。

以下、4人のときの標準偏差は500万円、10人のときは316万円と、次第に小さくなる。このように、保険集団が大きくなるにつれて、リスクプーリング効果が働いて、標準偏差は小さくなっていく。

ただし、保険を利用したからといって、損害期待値（平均）が縮小するわけではない。保険のプーリング効果によって縮小するのは、標準偏差である。しかし、標準偏差が縮小すると、リスクに対する措置は講じやすくなる。個人にとっても、保険に加入しないで独自でリスク対応するよりも、保険に加入して、保険者にリスク処理を委ねたほうが合理的と言えよう。

このように、保険の原理と技術を用いることで、合理的で効率的なリスク処理が行われ、それを通じて社会的にも多くの経済的機能をもたらす。

3-6 | 保険の付随的機能

こうした経済的機能に加えて、保険には、次に挙げるようなさまざまな付随的機能が認められる。これらはいずれも、経済的保障の提供に付随して提供される機能ではあるが、現代社会において保険が重要視される大きな要素になっている。

金融機能

　保険会社は、経済的保障に加えて付随的に金融機能を提供している。保険契約が締結されると同時に保険会社に保険料が支払われて、保険資金として保険金支払いの必要が生じるまでの間、保険会社内部に蓄積される。特に保険期間が長期に及ぶ生命保険では、保険資金は巨額になり、その資金は金融市場で投資運用され、金融機関として社会経済的影響力は一段と大きくなっている。また、金融的色彩の強い保険商品が注目を浴びる中で、保険会社の金融機関としての地位は、近年大きく向上した。

被害者救済機能

　現代社会において、責任保険はますます存在意義を高めている。責任保険は、本来は、潜在的加害者の賠償責任を担保する目的の保険であるが、機能としては、被害者の被った損害を補填する保険である。賠償責任に関わる事故が多発する中で、責任保険を通じて、被害者を社会的に救済する仕組みを事前に用意することが求められている。リスクが複雑化・多様化している現代社会においては、常に被害者への損害賠償に対する備えが不可欠であり、責任保険は一段と重要になっている。

信用補完機能

　また、保険の存在が、社会的信用を高める効果も認められる。SG（安全製品）マークやBL（優良住宅部品）マークなどは、表示された製品は、瑕疵保証と損害賠償の両面から保険により保障されていることを示している。保険に加入していることで、その製品を購入する消費者に安心を与える効果を持っているのである。

　また住宅ローン保証保険（団体信用生命保険）は、住宅を購入する場合に、住宅ローンの借入者がデフォルト（支払い不能）に陥った際に、金融機関が被る損害を填補する保険である。これによって、金融機関は住宅ローンを提供しやすくなり、そのお陰で人々は住宅を購入しやすくなる。人々の住宅購入を支援することは、国民経済的にも大きな経済効果をもたらす。高度経済

成長期に起こった住宅建設ブームは、保険が間接的に支えたのである。

リスクコンサルタント機能

　保険会社は、保険を提供することが主たる業務ではあるが、企業のリスク対策の改善を要求することができる。リスクコントロール（防災活動）の水準を高めることを条件にして保険の提供を行うことで、いわばリスクコンサルティングの機能を担っている。企業にとっても、リスクコントロールを強化することで、保険料負担を軽減することができれば、全体としてのリスクコスト（リスク対策に要する費用）を減らすことができる。そのことは、社会全体にとっても望ましい状態へ導くことでもある。

事業促進機能

　保険業は、ベンチャー産業である。企業が新しい事業領域に進出するかどうかの判断をする際に、直面するリスクの一部を保険がカバーできれば、企業は積極的に進出することができるかもしれない。保険の存在は、そうした企業の新しい事業進出を促進する役割を担っている。そして、保険会社自身も、新たなリスクを引き受けることで、事業の発展につなげてきたと言えるのである。

自習用研究課題

1.　リスクとロスとの関係を、保険の位置づけを交えて説明しなさい。
2.　大数の法則は、保険設計においてどのような意義を有しているのか、客観的確率の内容を踏まえて考察しなさい。
3.　給付・反対給付均等の原則と収支相等の原則は、どのような関係にあるか。それぞれの内容を整理したうえで説明しなさい。
4.　保険にとってのリスク分類の意義と課題について考察しなさい。

第4章
保険の特性

〈本章のねらい〉

　本章では、保険の特性について経済学を用いて考察する。まず保険の基本特性を4つの基準から整理し、保険類似制度との比較を通じて、保険の特徴を相対的に把握する。さらに、保険の有する経済的特性に着目し、一般の経済財との比較を行いながら、保険可能性と民間保険の限界について考える。そのうえで、保険加入の合理性について、期待効用仮説ならびにプロスペクト理論を適用しながら理解する。最後に、保険取引に不可避的に発生する逆選択とモラルハザードについて、発生要因と対抗策を考える。

4-1 | 保険の基本特性と保険類似制度

（1）　保険の基本特性

　保険を学ぶにあたっては、保険の基本特性を把握しておくことが必要である。保険の基本特性とは、保険を構成するのに不可欠な要素のことであり、保険の定義につながる概念といえる。そこで、保険の特性を抽出するために、①組織、②対象、③方法、④目的、の4つの基準を取り上げる。

　まず組織の面から見た保険の特性は、「多数の経済主体」が参加することである。保険は、収支相等の原則を満たすために、多くの参加者がなければならない。多くの契約者が保険集団を構成することによって、保険制度は安定化し、また合理的なリスク分散が可能となる。

　次に保険の対象となるのは、「偶然の災害」すなわちリスクである。保険の対象には偶然性が必要であり、発生が必然的なもの、あるいは全く発生の可能性のない状態は、保険の対象とはならない。つまり、保険の対象となるためには、損害発生の不確実性（＝リスク）の存在が前提となる。

　そして方法における特性は、「確率計算に基づく公平な分担額（＝保険料）の事前拠出」である。契約者が負担する保険料は、収集された統計から合理的な確率計算に基づいて算出される。また保険料は、損害が発生した後ではなくて、リスクの状態にある段階で、事前拠出される。

　最後に目的としては、「経済的保障の達成」が挙げられる。何のために保険に加入するのかという観点は、保険の機能を理解するうえでも重要である。保険加入の目的は明確であり、経済的必要に備えることである。

（２）　保険類似制度との特徴比較

　こうした保険の基本特性を他の保険類似制度と比較することで、保険の特徴をさらに明確にしてみよう。ここでは、代表的な保険類似制度として、①貯蓄、②製品保証、③宝くじ・ギャンブル、④頼母子講・無尽、⑤自家保険、の５つを取り上げる。

　まず、貯蓄との比較から始めよう。貯蓄は、経済的保障を目的にしている点が、保険と共通している。ただし、両者は同じ経済的保障を目的にしていながら、保険の場合は、火災保険や生命保険など、何のための保障か、経済的保障の目的が明確であるのに対して、貯蓄の場合は、多目的を兼ね合わせている。貯蓄は、病気や災害など万が一の事故に備えることもできるが、住宅購入費や教育費など、他の目的のためにも利用可能である。貯蓄は、融通性が高い半面、十分な保障を得ることは難しい。さらに、保険が多数の経済主体の存在を前提とするのに対して、貯蓄は個別の経済行為であり、集団を必要としないし、事故確率（リスク）とも無関係である。

　次に製品保証と比較してみよう。家電製品などの購入には、通常、１年程度のメーカー無料保証が付与されている。これは、製品の故障が生じた際に、修理サービスや商品交換を無償で提供するもので、近年は有料で、５年保証、

10年保証など長期保証も行われるようになっている。無料保証では対価を前提としないが、有料保証は保険料と同様に事前拠出を行うことから保険と類似している。しかし、保険と異なるのは、多数の経済主体を前提としないことと、必ずしも確率計算に基づいて分担金が決まっているわけではないことである（通常、製品価格の一定割合が負担金として提示される）。メーカーが製品保証を提供するのは、経済的保障を目的としているよりは、むしろ消費者に対する信頼向上や販売促進の要素が大きい。

　宝くじやギャンブルは、実は技術的側面で保険と共通する部分が多い。確率計算に基づいて少額の分担金を事前に拠出し、偶然の出来事の発生（＝くじに当たる）に対して給付金を得るという仕組みは、保険と同様である。また、多数の経済主体が参加することで成立する仕組みであることも共通している。しかし、両者には決定的な相違点がある。宝くじやギャンブルは、人々の射幸性を煽って、もともと存在していないリスクをあえて生成して経済取引を行うものであり、経済的不安を除去することを目的としていない。これに対して、保険の場合は、既に社会に存在するリスクを対象とし、それを合理的に処理して取り除き、経済的損害を補填する目的で行われる。つまり経済的保障の目的という観点からすると、両者は真逆の存在ということになる。

　頼母子講や無尽という仕組みがある。これは、民間の相互扶助的な金融組織で、鎌倉時代に信仰集団としての講から発生したものとされ、江戸時代以降、明治・大正期にも広く普及していた。江戸時代に盛んに行われた、富士山信仰のための「富士講」や、お伊勢参りのための「伊勢講」などが知られている。人々が一定の掛け金を出し合い、定期的に入札や抽籤で選ばれたその中の一人が順番で金銭を受け取ることができる。当選者もその組合から脱退することはできず、全員に一巡した段階で組織は解散する。この仕組みは、いわば閉じられた集団内での資金貸付制度であり、十分に多数の経済主体が参加しているわけではない。また、抽籤による当選者の選定という偶然性はあるものの、損害発生とは無関係である。経済的保障を目的に組織されているわけではないので、保険とは性格がかなり異なる。

　最後に、自家保険という仕組みを取り上げよう。特定の偶然事故に備えて、

図表4-1　保険類似制度との特徴比較

	貯蓄	製品保証	宝くじ・ギャンブル	頼母子講・無尽	自家保険
多数の経済主体の存在	×	×	○	△	×
偶然（＝リスク）の存在	×	○	○	△	○
確率計算に基づく分担額の事前拠出	×	△	○	△	○
経済的保障を目的	○	△	×	△	○

経済的不安を除去するための仕組みとして、一部の企業で採用されている。企業が、保険会社にリスクを移転するのではなく、保険料に相当する資金を内部に保留することで、資金的メリットを享受しながら、経済的保障を準備しようというものである。保険と比較すると、多数の経済主体の存在は前提としていない。ただし、積み立てる金額は、リスクに対して確率計算に基づいて算定された金額であり、損害発生時に積立金を取り崩すことになり、保険との共通性は認められる。

　これらの比較をまとめたのが図表4-1である。保険と共通性が高いものを○、部分的に共通性が認められるものを△、保険との共通性が認められないものを×として、比較表として作成した。こうした一覧表によって、保険の特性をより客観的に捉えることができるだろう。

4-2 │ 経済財としての保険

（1）　保険の経済的特性

　次に、経済学の枠組みを使って保険の特性を考えよう。保険は市場を通じて取引される経済財である。しかし、一般の財とは異なるいくつかの経済的特性を有している。第1に、保険は「無形財」である。つまり、保険は保障（補償）を提供するサービスであり、保険そのものは目に見えない。車や電化製品のように、手にとって感触を確かめたり、性能を確認したりすることはできない財である。保険需要が顕在化しにくいのは、こうした要因がある。

　第 2 に、保険は「情報財」である。保険は目に見えない商品であるが、消費者（契約者）に対して提示される内容は、保障（補償）に関する情報が集積されたものである。保険は、さまざまな情報から構成されており、この情報をめぐって取引が行われる。

　第 3 に、保険は「条件財」である。法律学の視点からは「条件付き債券」とも呼ばれる。保険が直接的に提供するサービス（保険金の給付）は、将来においてある条件（保険事故）が生じた際に行われるものであり、既定の条件が発生しない限り保険金は給付されない。

　第 4 に、保険は「価値転倒財」である。一般の財では、販売価格は、それまでの材料費や人件費などを加味して原価を確定させる。これに対して、保険契約の時点で保険の原価（コスト）は、厳密には、保険期間が終了するまで確定しない。これを、「原価の事後確定性」ともいう。

　第 5 に、保険は、社会にとっての「メリット（価値）財」である。メリット財とは、そのサービスを受けることが本人だけでなく、社会全体の厚生（welfare）を高めるような財をいうが、（全ての保険ではないが）保険には、多くの人々が加入することで、より高い社会的機能を果たすことが期待される。例えば、自動車保険は、全ての運転者が保険に加入することで、自動車交通に対する社会的な安心感が高まる。

　第 6 に、保険は「クラブ財」である。経済学では、財の性格を分類するうえで、排除性（＝対価を支払わない者の便益享受を排除できるという性質）と競合性（＝消費者が増えると消費が制限されるという性質）の 2 つの性質で捉える（図表 4 - 2）。両方の特性を有する財を私的財というのに対して、いずれ

図表4-2　クラブ財としての保険

競合性

		あり	なし
排除性	あり	私的財	クラブ財（保険）
	なし	環境財（水、空気など）	公共財

の性質も有しない財を公共財という。保険についてみると、サービスの対価としての保険料を支払わない限り保障（補償）を得ることができないので排除性がある。しかし、ある個人が保険に加入することで、他の個人の保険利用に制限をもたらすことはないので競合性は認められない。こういう財をクラブ財と呼び、保険はこの性格を有している。

（2）　保険をめぐる需要と供給

　一般の財になぞらえると、保険における価格は、保険料ではなくて保険料率である。保険料率は、保障サービスに対する単価であり、保険料は、保険料率に保険金額（＝保障金額ないし保険需要量）を掛け合わせたサービスの対価である。すなわち、保険料＝保険料率×保険金額と表現できる。したがって、保険料の大きさは、保険料率と保険金額の両方の要素によって決定される。

　財としての保険は、需要の面では、一般財と共通した性質を持つ。需要法則は、①所得が一定ならば、価格が上がれば需要が下がる、②価格が一定ならば、所得が上がれば需要が上がることである。保険は、基本的には、この需要法則が成り立つものと捉えてよいだろう。ただし、料率弾力性（保険料率の変化率に対する保険需要量の変化率）、すなわち保険料率に対する感応度は、保険種目によって異なる。また、所得水準が、保険需要に及ぼす影響も大きい。一般的に、所得の上昇に応じて保険需要が高まるが、逆に所得が低下すると、保険需要がどの程度抑制されるかは予測が難しい。これも、保険の有する弱需要性が反映しているものと考えられる。

　これに対して、保険の供給には、特徴的な性質がある。上述のように、保険料は、予測値（＝基礎率）に基づいて合理的に算定されることから、保険料率を自由に設定することはできない。他方で、情報財である保険は契約数が増加しても（人件費を除いて）追加的費用（＝限界費用）は逓増しないため、規模の経済性が働いて一契約あたりのコストは下がっていく。さらに、保険契約が増加することで、大数の法則が働いて予測値が正確になることから、保険収支はより安定的になることが多い。

　個人の保険需要は、さまざまな経済的あるいは心理的要因が重なって発現するものであるが、主に次の 4 つの要因によって決定される。第 1 に、一般の財と同様に、保険の価格すなわち保険料率が保険需要に及ぼす影響は大きい。保険料率が上昇すると、保険需要は減少する。保険料率は、状況に応じてしばしば変化するものであり、それに応じて保険需要が影響される。

　第 2 に、保険需要は、対象とするリスクの性質にも影響を受ける。リスクの性質は一般的に発生規模と発生頻度で把握されるが、保険が最も適合するリスクは、発生頻度は必ずしも大きくないものの、損害規模が大きくなるような「大規模・低頻度」のリスクである。

　第 3 に、個人の保有資産あるいは所得水準は、保険需要に影響を及ぼすであろう。守るべき資産が多いほど、保険の必要性は高まるからである。また保険料負担能力も、所得水準の上昇とともに高まるであろう。

　第 4 に、危険に対する態度つまり、危険回避度が保険需要に与える影響は大きい。危険回避度の大きい個人ほど、保険加入に対する動機は強いであろうし、また求める保障水準も高いと考えられる。

4-3　保険可能性と限界

（1）　保険可能性

　保険を成立させるためには、保険可能性（insurability）を検討しなければならない。保険可能性とは、実際に保険化できるかどうかの問題であるが、保険は、社会経済の広い範囲で活用されているものの、あらゆるリスクに対応できるわけではない。保険理論的には、保険可能性として、次の条件が満たされていなければならない。

　第 1 に、同質で独立的な多数のリスクが存在することである。大数の法則を通じた信頼性を高めるためには、同質性に加えて、相関性の低い独立したリスクが多数存在していなければならない。相関性が高いリスクでは、連鎖的な損害発生につながるために、リスク分散効果は低下する。

　第 2 に、損害の発生確率ならびに規模が把握できることである。すなわち、

統計的な集積を受けて、対象リスクの性質がある程度の正確さで把握される必要がある。上述のように、さまざまなリスク処理手段の中で、保険は、「小頻度・大損害（＝発生確率は低いが、いったん発生すると損害規模の大きい）リスク」に対する適応性が高いとされる。

第3に、期間的、地域的、金額的に、損害が一定の範囲内で発生することである。保険数理を算出するうえで、過去の実績をどのように把握するかということが重要である。その点で、対象となる期間、地域、金額などの条件を適当な範囲に収めて計算しなければ、保険料を合理的に算定することはできない。

第4に、異常損害が発生しないことである。異常損害が発生して、損失額が保険者の保有する危険準備金を超えると、損害を補償することができない。したがって、一定の範囲で補償上限を設けざるを得ない。

第5に、被保険者が損失を引き起こすインセンティブ（＝モラルハザード）がないことである。あくまでも、損害発生が、故意によるものでなく偶然でなければならない。言い換えれば、リスク（＝損害発生の不確実性）が存在していなければならない。

保険者にとって、保険可能性の条件を緩和するためには、対象リスクの統計的分析や解明が不可欠である。これらの保険可能性の条件を満たしたとしても、保険取引が成立するには、保険に市場性（marketability）が存在していなければならない。すなわち、保険が普及するためには、保険取引のもう一方の当事者である契約者の条件が満たされていることが重要である。

（2）　民間保険の限界と政府の役割

民間保険は、契約自由の原則を前提としており、保険加入は任意である。契約者のリスクが高すぎる場合には、保険者は保険の引受けを拒否することがある。生命保険でも、既に病気になっている人や、著しく危険な職業にある人については、保険引受けが制限されることが多い。これを、「利用可能性（availability）」の問題と言う。仮に、保険に加入できるとしても、高リスク者に対しては、相当に高い保険料を設定せざるを得なくなり、保険料負担

が困難であるために、事実上、保険を購入できないこともある。最も保障を
必要としている者が、保険を利用できないという事態に陥る。これを、「購
入可能性（affordability）」の問題という。

　こうした利用可能性や購入可能性の問題により、保険利用が制限されるこ
とは、社会問題に発展する恐れがある。例えば、自動車保険で無保険者が増
加すると、被害者救済が十分に行われなくなるかもしれない。また、医療保
険に加入できない人が増えれば、常に生活不安を抱えることになる。

　このように保険取引を市場のみに任せておくと、保険を入手できない者が
生じてしまう可能性がある。こうした状況で、個人の自助努力だけに生活保
障を委ねてしまうと、著しい生活弱者を生み出すことにもなりかねない。そ
こで政府は、残余市場（residual market）を通じて保険利用を容易にする政策
手段をとることがある。この残余市場は、リスクが高いために任意市場の加
入を拒否された人に対して、保険業界により共同で引き受ける仕組みである。
これは、保険料率や補償範囲が制限されることで、保険利用を促すことを意
図している。自由な保険取引を原則とするアメリカにおいても、自動車保険
や医療保険、労働災害補償保険などにおいては、残余市場を創設して、利用
可能性を確保する政策手段がとられているのである。

　生活保障についても、基本的には自己責任で備えるべきものではあるが、
保険を利用できる人と利用できない人が存在すると、保険利用の格差が経済
格差に発展しかねない。政府は、民間市場で保険が適正に購入されているか
どうかを常に見守る必要がある。

4-4 ｜ 期待効用理論と保険加入の合理性

　保険の効果・機能を認めるとしても、実際の保険加入には、一定のコスト
（＝リスクプレミアム）を支払わなければならない。それでは、なぜ、そうし
たコストを負担してまでも、保険加入を選択するのだろうか。そうした行動
の合理性をどのように説明できるだろうか。

リスクプレミアムはどう決まるか

　ここでは、人々がリスクに対する対応や認識をどう考えるかに加えて、そのリスクプレミアムの大きさがどのように決定されるかが問題となる。保険加入は、客観的確率のみならず、個人ごとの主観的確率、あるいはリスクに対する回避意識の程度が影響する。

　いま、1000万円の資産を持っている個人が、10％の確率で火災により資産を全て失う場合を考える。このとき、保有資産の期待値（確率で重みが付けられた資産価値）は、900万円（＝1000万円×0.9＋0万円×0.1）となる。この個人が、火災リスクから逃れるためには、保険に加入することを望むであろう。ここで、もし保険料が120万円だとすれば、損害期待値100万円（＝1000万円×0.1）よりも大きいので、資産期待値を選択基準とすれば、保険には加入しないはずである。しかし、個人によっては、リスクを免れるならば、損害期待値以上に保険料を支払っても、保険に加入したいと考える人がいる。これをどう理解することができるだろうか。

資産（万円）	効用
0	0
880	140
1000	150

　この問題に対して、「期待効用理論」を用いると、合理的説明を与えることができる。すなわち、意思決定は、期待金額ではなく期待効用によってなされると理解するのである。それぞれの金額に、効用（＝満足度）を与えて、その期待値で行動判断するということである。仮に、資産金額と効用の関係が、上表のようであったとする。この場合、保険に加入しなかった場合の期待効用は135（＝150×0.9＋0×0.1）となるのに対して、保険に加入した場合の効用値は140となる。この場合には、保険に加入する効用のほうが高くなる。

危険回避度と効用関数

　このようにリスクに対する忌避意識を持っている人は、効用関数に特徴があると考えられる。どの個人も、資産が大きければ大きいほど効用（満足度）は高くなる。したがって、縦軸に効用 U を、横軸に資産 W をとると、効用曲線は右上がりとなる。しかし、その形状は、3 つのパターンが考えられる（図表 4 - 3）。すなわち、限界効用（＝効用の限界的増加分）が、(a) 逓減するか、(b) 一定であるか、(c) 逓増するかである。

　図表 4 - 3 (a) のように、横軸に対して下に膨らんだ凹型の形状となるような効用関数を持つ個人は、危険回避者（risk averter）と呼ばれる。彼らは、資産が増えるにつれて限界効用が逓減し、資産の増加ほどには、効用（＝満足度）が増えない。つまり、効用を高めるために、危険を冒してまで資産の増加を求めようとはしない。

　一方、図表 4 - 3 (b) のように、資産の大きさにかかわらず限界効用が一定である個人を、危険中立者（risk neutral person）と呼ぶ。彼らは、資産の増加分を、そのまま効用水準の増加として認識する。そして、図表 4 - 3 (c) のように、資産が増加すればするほど、限界効用が大きくなっていく個人を、危険愛好者（risk lover）と呼ぶ。彼らは、効用を高めるためには、積極的に危険を冒して資産の増加を求めると考えられる。

図表4-3　危険に対する態度と効用関数

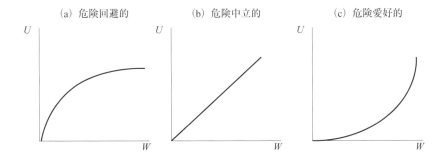

期待効用理論から見た保険加入の合理性

　保険加入の動機付けには、危険に対する態度が大きく影響を与える。次項のように、期待効用仮説は、保険加入を選択する個人について、①不確実性よりも確実性を選好することと、②危険回避的であること、の２つを前提として、行動選択の合理性を説明する。

　期待効用理論では、人々は期待効用を最大化するように行動すると捉え、通常、フォン・ノイマン＝モルゲンシュテルン型の効用関数を想定する。

　図表４－４では、期待効用理論に基づいて保険加入の合理性を説明している。いま、資産 W を保有する個人を想定する。損害 X が危険率 r で発生するものとすると、損害期待値は rX である。これを確実同値額（certainty equivalent）と呼ぶ。このときの無保険状態における期待効用は、$U_1 = rU(W-X) + (1-r)U(W)$ と表現できる。他方、保険料 P を支払って保険に加入し、リスクに備える場合の効用は、$U_2 = U(W-P)$ となる。保険に加入することが合理的である場合には、$U_1 < U_2$ となることが条件となる。

　ここで、$U_1 = U_2$ となるような保険料水準 P^* を最大保険料（maximum premium）と呼ぶ。そして、設定される保険料 P が、損害期待値 rX よりも大きく、最大保険料 P^* より小さい範囲でなければ、保険供給は実現されない（$P^* > P > rX$）。このとき、損害期待値を超えた部分（$P-rX$）を、リスクプレミアム（risk premium）と呼ぶ。リスクプレミアムは、危険を回避するための保険選択に対するコスト（＝手数料）と理解することができ、損害期待値に相当するのが純保険料であるのに対して、リスクプレミアムは付加保険料に相当するものである。

　契約者にとって許容できるリスクプレミアムの大きさは、危険回避度によって決定される。図表４－４によれば、効用曲線の膨らみの度合いで表現できる。つまり、危険回避度の大きい個人ほど、効用曲線の膨らみは大きくなり、そのことは、より高い保険料を支払ってでも、保険に加入することが、当該個人にとっては合理的選択となることを示している。

　期待効用理論は、人々が保険に加入する合理性をかなりの程度説明するが、発生確率が高い事象と低い事象に対する認識の違いや、直面する損害に対す

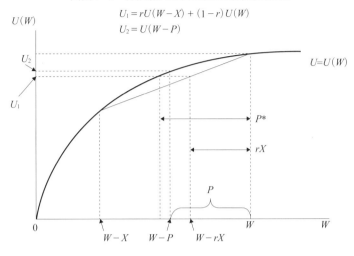

図表4-4　保険加入の合理性と期待効用仮説

る認知度の個人差の問題を考えると、より心理的側面からのアプローチによる補足が必要となる。

4-5 | プロスペクト理論と保険

　期待効用理論では、保険加入行動が、危険回避に対する態度に影響されるということを発見した半面で、損害を被った状況と利得を得た状況を区別せず、保険加入の動機を十分に説明しきれていない。近年、注目されている行動経済学は、保険加入動機を解明するうえでも示唆に富んでいる。行動経済学は、人間がどのように選択・行動し、その結果どうなるかを心理的側面から究明しようとする新しい経済学である。この分野において、2002年にノーベル経済学賞を受賞したダニエル・カーネマン（Daniel Kahneman）と、エイモス・トベルスキー（Amos Tversky）によって提案された「プロスペクト理論（prospect theory）」は、期待効用理論の不十分さに対する改良理論として考案されたものである。

図表4-5　価値関数と保険加入

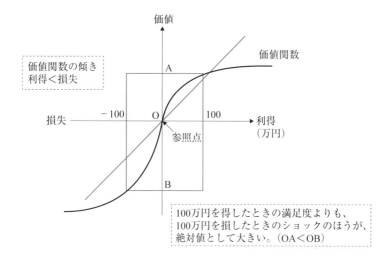

価値

価値関数

価値関数の傾き
利得＜損失

A

損失　－100　　O　　100　　利得
（万円）

参照点

B

100万円を得したときの満足度よりも、
100万円を損したときのショックのほうが、
絶対値として大きい。（OA＜OB）

価値関数で保険加入を考える

　プロスペクト理論は、効用関数に対応した「価値関数」と、確率の重み付けに関する「確率加重関数」の２つから構成される。図表４－５には、プロスペクト理論で用いられる価値関数が描かれている。評価基準となる点を参照点（reference point）と呼び、図中の原点で表している。横軸には、原点を基準に、右側に利得を、左側に損失が示されている。縦軸の上方には、主観的あるいは心理的に好ましいと思われる価値の変化が示される。特徴的なのは、参照点を中心に、価値曲線が左右対称でないことである（利得は凸状、損失は凹状である）。つまり、価値関数の傾き（変化率）が、利得よりも損失のほうで大きいのである。具体的に言えば、100万円を得したときよりも、100万円を損したときのほうが、精神的ショックは大きいということである。

　プロスペクト理論では、人は得する場合には確実なほうを、損をする場合には不確実なほうを選択する場合が多く、損失を利益より過大に捉えがちになることを主張する。すなわち、人々は、大きな損害を被ったときの心理的ショックを緩和することを意図して保険に加入すると理解することができる。

図表4-6　確率加重関数と保険加入

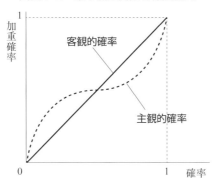

確率加重関数で保険加入を考える

　もう 1 つの確率加重関数では、統計分析に基づいて得られる客観的確率に対して、個人が感知する主観的確率は歪んだ傾向を持つとする。すなわち、図表 4 - 6 に示されるように、客観的確率に非線型の重みが付けられて、主観的には、確率が低いものを過大評価するのに対して、確率が高いものを過小評価すると捉える。

　保険者が客観的確率に基づいて保険設計を行うとすれば、契約者にとっての主観的確率が客観的確率よりも高い場合には、保険加入が促されると理解することができる。逆に、主観的確率が客観的確率よりも低い場合には、保険加入は抑制されるであろう。

　このように、保険加入には、心理的動機が少なからず作用していると理解される。今後、保険研究においても、行動経済学を取り入れた分析がさらに進められることが期待されている。

4-6 ｜ 情報の非対称性と逆選択・モラルハザード

（1）　逆選択・モラルハザードの発生要因

　保険は情報財であるということを既に述べたが、保険取引が効率的かつ適正に行われるためには、保険者と被保険者（契約者）との間で情報が等しく

共有されなければならない。しかし実際には、情報がお互いに同等に保有されていない、すなわち「情報の非対称性（偏在）」の状態にあることが多い。

　保険取引をめぐって保険者と被保険者（契約者）の間に生じる情報の非対称性（偏在）には、さまざまな内容が含まれている。すなわち、保険者が被保険者（契約者）に比べて情報優位にある場合と、逆に情報劣位にある場合が存在する。契約者が保険者よりも情報優位となるのは、主として契約者のリスク情報についてである。これが存在する場合には、契約者に、逆選択やモラルハザードが発生する可能性がある。

　まず、逆選択（adverse selection）について説明しよう。仮に、保険事故の発生可能性が大きい高リスク者と、それが小さい低リスク者が、同一の保険料で引き受けられている場合、相対的に前者は有利（リスクに対して保険料が割安）になり、後者は不利（リスクに対して保険料が割高）となる。すると、不利であることを嫌った低リスク者が保険集団から脱退し、高リスク者が多く加入することになる。これが逆選択であり、いわゆる「隠された情報（hidden information）」により発生する現象である。逆選択は、被保険者（契約者）が保険者に対して情報優位に立つことで保険市場を不安定化させるものであり、「レモンの原理」とも呼ばれる。いわば、保険におけるグレシャムの法則（「悪貨は良貨を駆逐する」）である（逆に、保険者が被保険者（契約者）よりも情報優位の場合に発生する現象を「クリームスキミング（いいとこどり）」という）。

　もう1つのモラルハザード（moral hazard：道徳的危険）とは、一般的には、保険に加入することで被保険者（契約者）の行動態様が変化し、事故の頻度や規模が大きくなることを示す（これに対して、故意ではないが、保険加入により注意力が弛緩した結果、事故の頻度や規模が大きくなることをモラールハザード（morale hazard：風紀的危険）と呼んで区別することもある）。モラルハザードは、いわゆる「隠された行動（hidden action）」によって発生すると捉えられる。さらに、モラルハザードは、保険事故の発生前後で、「事前的モラルハザード」（リスク増大行動や不実告知など）と「事後的モラルハザード」（過剰な保険金請求や損害拡大防止義務違反など）に分けることができる。モラルハザードの発生は、保険金支払いの増加をもたらし、保険収支を悪化させ、

さらには保険料に転嫁されることで、最終的に契約者負担の増加を招くことになる。

　逆選択もモラルハザードも、保険者の経営を悪化させる要因であるだけでなく、契約者の間の公平性を欠くことにもなる。したがって、保険者には、約款作成や料率設定を通じて、こうした現象を誘発させない制度設計の工夫が求められる。

（2）　逆選択とその対応策

　逆選択の発生に対して保険者の取りうる対処策として、まずはアンダーライティング（危険選択）の強化が挙げられる。逆選択は、保険者が被保険者（契約者）のリスク情報を十分に入手できないことに主な原因があるので、被保険者（契約者）に告知義務を課すことで、告知書を通じて正確なリスク情報を得ることが重要である。また、保険者は適正なリスク分類を設定するために、リスク情報に対する調査研究に努めることも必要であろう。

　医療保険の分野では、特に実践的な対抗策がとられている。例えば、①契約前発病を不担保（保障対象外）にする、②契約後90日は一切の保険金請求に応じない、③保険金支払い日数に一定の上限を設ける、など、免責条項を設けたり免責期間を設けたりして、未然に逆選択の可能性を排除する方法がある。

　さらには、最近注目されている引受け基準緩和型保険も、逆選択対応の手段の1つである。この保険では、加入時の審査基準が緩和され、保険に入りやすいという利点があるが、保険料はかなり割高になっており保険金額にも限度が設けられている。つまり、この保険は、高リスク者向けの保険であり、本来は、低リスク者であれば正式な告知を行って一般の保険に加入するほうが有利なはずである。あえてこの引受け基準緩和型保険を選択したということは、高リスク者であると自ら認めたものと、保険者は判断することになる（経済学では、これを自己選択（self-selection）と呼んでいる）。

　逆選択が発生しやすいかどうかは保険種目によって異なるが、社会保険や自賠責保険は強制加入になっているので、逆選択は理論的に発生しない。こ

れらの保険では、保険集団からの自由な退出が認められていないことから、逆選択は回避されて保険市場の安定性が確保されている。

（3） モラルハザードとその対応策

モラルハザードに対して保険者が取りうる対策として、大きく2つのことが考えられる。1つはモニタリング（監視）による方法であり、もう1つは保険設計による方法である。

モニタリングとは、契約者がリスクを高める行動をしないよう監視（モニター）することである。例えば、被保険者の健康診断を定期的に行って、そのデータを管理し、健康管理の励行を促すことができる。また、喫煙行動については、定期的な血液検査による確認を行うことなども考えられる。近年では、IoT（Internet of Things）が発達する中で、ウェアラブル端末やテレマティクス機器を利用して契約者個人の行動をモニタリングし、保険料に反映させる仕組みが開発されている。また、ドライブレコーダーも事故発生に関わる正確な情報を入手するうえで有効な手段として活用されている。しかしながら、完全なモニタリングは困難であることから、十分な対応策はとれない。

そこで次に考えられる対策が、保険設計による方法である。これには、主として3つの方策がある。第1は、自己負担額の設定である。具体的には、①定率自己負担（＝損失の一定率を契約者負担とするもの）、②定額自己負担（損失の一定額を契約者負担とするもの）、③支払い上限額の設定（ある金額を超過した損失を契約者負担とするもの）、などが考えられる。これらは、契約者の全てのリスクを引き受けないで、契約者自身にも損害の一部を負担（リスクシェアリング）させるものである。

第2は、契約者に対して、事故抑止に向けたインセンティブ（誘因）を与えることである。例えば、自動車保険において採用されている等級別料率（＝メリットレイティング）を採用することは、契約者に事故抑止のインセンティブを期待するものである。また、衝突被害軽減ブレーキ（AEB）やエアバッグなどの安全装置を装着した車に対する保険料割引は、安全性を促そうという意図が見られる。

　第3に、保険金支払い制限や免責条項の設定である。あらかじめ、モラルハザードを起こしかねない状況を避けるために、責任範囲（金額、対象）を限定して、モラルハザード的行為を排除する。例えば、自殺や故意に対する免責条項はこれに該当する。また、損害査定を厳格化することで、不当な保険利得を避けることは、モラルハザードを回避するために重要である。

　完全な情報を入手できない限り、モラルハザードは、ある程度まで不可避的に発生すると考えざるを得ない。しかし、モラルハザードは、保険システムに対する信頼性や公平性を損ねる由々しい問題であり、可能な限りの抑止策がとられなければならない。

自習用研究課題

1.　保険の特性について他の経済財と比較しながら考察しなさい。
2.　保険可能性にはどのような条件があるか。さらに、それらが満たされるために、保険会社はどのような対応をしているか。
3.　保険加入の合理性は、経済学的にどのように説明することができるか。
4.　逆選択やモラルハザードの発生は、保険事業にどのような影響を及ぼすか。また保険会社は、それに対して、どのような対応策を講じているか。

第5章
保険の構造

┌─〈本章のねらい〉─────────────────────────

　本章では、保険の構造を取り上げる。まず保険の基本分類を行って、
多数存在する保険種目を体系的に把握する。次に、保険料と保険金のそ
れぞれの構造を説明する。ここでは、責任準備金や被保険利益をはじめ、
いくつかの専門的用語を用いて解説するが、それらは、保険を理解する
うえで極めて重要である。最後に、生命保険と損害保険、ならびに民間
保険と社会保険の比較考察を通じて、保険の構造的特徴を理解する。

5-1 │ 保険の分類

（1）　保険の基本分類

　現在、夥しい種類の保険商品が取り扱われており、全体を把握することは
難しい。しかし、いくつかの基準を用いて分類することで、それぞれの保険
商品の性格や機能を正しく把握することができる。また、理論構築や統計分
析などを行ううえでも、分類を踏まえて考察することが重要である。主な分
類基準としては、次のようなものがある。

①保険業法による分類：生命保険と損害保険

②保障対象による分類：人保険と財保険と責任保険

③経営主体による分類：公営保険と民営保険

④営利性による分類：営利保険と非営利保険

⑤加入者性格による分類：企業保険と家計保険

⑥加入動機による分類：任意保険と強制保険

⑦給付方法による分類：損害保険と定額保険

⑧給付手段による分類：現金給付保険と現物給付保険

⑨危険負担関係による分類：元受保険と再保険

⑩責任所在による分類：個人保険と社会保険

⑪保障の性格による分類：貯蓄性保険と保障性保険

⑫保険期間による分類：短期保険と長期保険

⑬保険料の性格による分類：費用保険と蓄積保険

⑭保険金支払い方法による分類：年金保険と一時金払い保険

⑮政策性の有無による分類：普通保険と経済政策保険

　これら以外にも分類基準は考えられるが、これほど多くの分類基準があることは、同時に保険の多面性や多機能性を示すものである。つまり現実社会には、さまざまな性格や機能を有する保険が多数存在しているのである。したがって、分類基準を照らすことで、それぞれの保険種目が他と比較してどのような共通性や相違性を有しているか、相対的かつ体系的に把握できる。

　この中で最も一般的な分類は、生命保険と損害保険である。この分類は、わが国の保険監督法である保険業法上の分類であるだけでなく、広く国民に浸透しているものである。しかしながら、生命保険と損害保険という分類は、必ずしも世界における共通の分類基準というわけではない。例えば、欧州では、Life insurance（生命保険）と、Non-life insurance（非生命保険）もしくはGeneral insurance（一般保険）という分類が一般的である。これに対して、アメリカでは、Life and Health insurance（L/H：生命健康保険）とProperty and Liability insurance（P/L：財産責任保険）と分類されている。またこれに応じて、生損保兼営の可否など、国によって業界規制のあり方が異なることから、国際比較をする場合には注意を要する。

　さらに、図表5-1は、民間保険における保険商品の体系を示したものである。生命保険は、人の生存または死亡に関するリスクを保障する保険であ

図表5-1　保険商品の体系

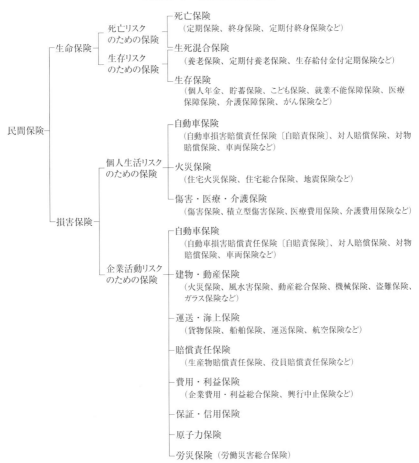

出所：筆者作成

る。これに対して、損害保険は、生命保険以外の偶然の事故によって生じた損害を補償する保険である。生命保険が、人に限られたリスクを対象とする保険であるのに対して、損害保険は、人以外のあらゆるリスクを対象としており、保険商品の種類は、生命保険よりも圧倒的に多い。

（2）　生命保険の基本構造

　現在、発売されている個人向け生命保険商品は、極めて豊富であるが、基本構造は意外と簡単である。すなわち基本契約は、①保険期間（定期保険か終身保険か）と、②保障対象（死亡保障か生存保障か）の組み合わせから構成されている。主な生命保険は、定期保険、養老保険（生死混合保険）、終身保険の3種類である。

　まず、定期保険は、保険期間中の死亡保障が行われる保険であり、満期保険金はない。保険料の払い込みが一定年齢または一定期間で満了する有期払込タイプと、一生涯払い続ける終身払込タイプがある。定期保険は、典型的な保障性保険であり、死亡時には保険金給付があるが、死亡しなければ保険金給付はない。

　次に、養老保険は、保険期間は一定で、その間に死亡したときには死亡保険金が、満期時に生存していたときには満期保険金が支払われる。死亡保険金と満期保険金が同額のものを普通養老保険というが、死亡保険金額の設定を満期保険金の何倍かに増額する定期付養老保険もある。例えば、満期保険金を100万円として、死亡保険金を1000万円に設定する場合は、10倍型の定期付養老保険という。

　最後に、終身保険は、一生涯にわたって死亡保障が行われる保険であり、満期保険金はない。保険料の払い込みが一定年齢または一定期間で満了する有期払込タイプと、一生涯払い続ける終身払込タイプがある。終身保険は、定期保険と違って、必ず死亡保険金が給付される。一般的に、終身保険は、保障性保険と位置付けられているが、保険金給付は保証されていることから、貯蓄的要素も帯びている。また、終身保険に定期死亡保険を付加したものを定期付終身保険という。

　基本契約（主契約）に付加されて保障内容を拡充するものとして、特約がある。事故や災害に備える特約として、災害割増特約、傷害特約、災害入院特約など、病気に備える特約として、成人病入院特約、疾病入院特約、ガン入院特約、女性疾病入院特約、手術特約など、多様なものがある。内容は、保険会社により多少異なるが、基本契約に、こうした特約を組み合わせるこ

図表5-2　変額保険の構造

(1) 満期時に満期保険金が基本保
　　険金を上回った場合

(2) 満期時に満期保険金が基本保
　　険金を下回った場合

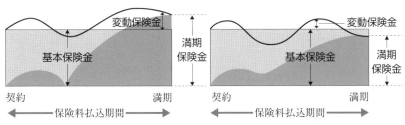

出所：生命保険文化センター資料

　とにより、多様な個別ニーズに応えることになる。

　さらに、こうした一般の生命保険とは異なる構造を有する保険として変額
保険がある（図表5-2）。一般の生命保険は、保険金額があらかじめ定めら
れているのに対して、変額保険では、保険金額が基本保険金と変動保険金の
合計になるため、給付金額は運用状況に応じて異なる。ただし、基本保険金
は定められており、保険料の払込期間内に死亡した場合、変動保険金が基本
保険金を下回っても、最低保証として基本保険金額が給付される。しかし、
満期保険金については、運用がうまくいけば基本保険金に変動保険金を上乗
せした金額が給付されるが、運用が捗々しくないと給付額が基本保険金を下
回ることもありうる。したがって、変額保険は、保険版投資信託商品として、
金融商品の一種と位置付けられる。

5-2 ｜ 保険料の構造

（1）　保険料の構成

　保険契約者が保険サービスの対価として保険会社に支払う金銭を保険料と
いう。保険料は、保険期間を通じて保障（補償）サービスを提供するのに必
要な保険金や経費などに充当されるものである。図表5-3は、保険料の構

図表5-3　保険料の構成

注：（　　）内は、保険料計算の基礎率を示す。

成を示したものである。保険料は、正確には、営業保険料とか、表定保険料というが、単に保険料と呼ぶことが多い。保険料は、さらに、純保険料と付加保険料に分けられる。純保険料は、保険金支払いに充当される部分、給付・反対給付均等の原則が適用される部分であり、付加保険料は、保険事業を維持管理するための費用に充てられるもので、新契約費や維持費、損害調査費などに充当される。

　さらに、純保険料は、貯蓄保険料と危険保険料に分けられる。貯蓄保険料は、蓄積保険料とも呼ばれ、死亡保険金の一部として加入者に払い戻されるか、もしくは将来の支払いに備えて積み立てられる保険料である。積立額の累計は、期間満了時に被保険者が生存している場合に支払われる満期保険金に最終的に一致する。あるいは解約返戻金の原資ともなる。いずれにしても、貯蓄保険料は加入者に返還されるものであり、加入者から見ると、貯蓄的な要素が大きい。預金的性格を有するとも言える。

　これに対して、危険保険料は、死亡保険金支払いのためにプールされて、被保険者が死亡した契約について死亡保険金の一部となる保険料である。加入者は危険度に応じて公平に負担しているが、被保険者が死亡しなければ、いっさい保障を受けることはない。消費的要素を有する。

　保険においては、保険料は前払いを原則としており、保険契約と同時に保険期間の初めの時点で支払われる。したがって、保険料は、保険期間内に発

生する全ての費用を予測したうえで計算されることになる。その際に、保険料構成ごとに計算根拠となる数値が用いられて算出されている。すなわち、貯蓄保険料は予定利率、危険保険料は予定死亡率、そして付加保険料は予定事業費率に基づいて算出されている。これら、予定利率、予定死亡率、予定事業費率の 3 つを保険料計算における基礎率といい、保険料水準は基礎率の定め方によって決定される。

（2）　自然保険料と平準保険料

　保険原理に従えば、リスクに応じて保険料が設定される。生命保険において、年齢が進むに従って死亡率が高くなるので、生命保険料（死亡保険料）は年齢が進むにつれて高くなる。年齢に応じて設定された保険料を「自然保険料（natural premium）」と呼ぶ。しかし生命保険の場合には、長期契約性をうまく利用して、通常、保険期間を通じて一定の保険料を設定し、保険期間全体で収支が均等するように仕組まれている。このときの保険料を「平準保険料（level premium）」と呼ぶ。

　図表 5 - 4 は、自然保険料と平準保険料の関係を図示したものである。図のように、自然保険料では、保険加入時は保険料が低くなっているが、年齢を重ねるに従って保険料が高くなる。これに対して、平準保険料では、保険期間を通じて保険収支が合うように保険料が一定に設定されている。両者の関係を見ると、保険期間の前半は、自然保険料 ＜ 平準保険料となっており、後半では、反対に自然保険料 ＞ 平準保険料となっている。言い換えると、保険期間前半で過収された保険料が、後半の保険料不足分に充当される形となっている。

　生命保険において、この平準保険料方式には、いくつかの合理性を認めることができる。すなわち、①高齢時の保険料負担を軽減すること、②加齢するに従って健康を理由に保険加入を拒否される可能性があるが、若年期に加入することで高齢期の保障を確保しやすくなること、③保険期間の前半の保険料過収分は責任準備金（後述）として保険資産を形成すること、④その保険資産は、保険経営を安定させるだけでなく、不確実な保険リスクや経営リ

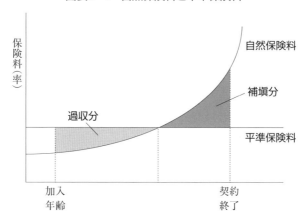

図表5-4　自然保険料と平準保険料

スクを吸収するバッファー（緩衝材）となること、などを挙げることができる。

　平準保険料方式を通じて蓄積される保険資産は、保険契約の増加とともに自然に増大する構造を持っており、したがって、保険会社にとって保険契約の獲得に対するインセンティブが高まることになる。

（3）　個別保険料と平均保険料

　給付・反対給付均等の原則で示したように、リスクに応じた保険料設定を行うためには、個別の状況を踏まえて保険料を算定しなければならない。そうした保険料を個別保険料という。保険者は、保険料率における公平性を確保するために個別保険料の算定を目指すが、現実的には個別のリスクを正確に把握できるかどうかに依存する。

　それだけでなく、保険経営の視点からは収支相等の原則を満たして、保険料設定において集団全体で収支を合わせるように保険料を平均化させる必要がある。この保険料を平均保険料という。

　実際の保険料設定は、個別保険料と平均保険料を融合させるような仕組みをとっていると考えられる。しかも、個別保険料と平均保険料のどちらをより重視するかにより、保険の性質も異なってくる。すなわち、個別性の強い

保険は個別保険料を指向するのに対して、公共性あるいは社会性が強い保険では、平均保険料を指向する。

（4）　一時払い保険料と定期払い保険料

　保険料の支払い方法には、多様なものがある。保険契約時に、全保険期間に相当する保険料を一括で支払うものを一時払い保険料という。保険会社は、一時払いされた保険料を、保険期間を通じて管理して保障に備えることになる。かつて、一時払い養老保険や一時払い終身保険などが非常に人気を集めたが、これらは利殖性の高い保険商品であった。

　これに対して、多くの保険は、月払いあるいは半年払い、年払いなどで保険料が支払われることが多い。これらを定期払い保険料という。契約者は、決められた時点までに確実に保険料を納入しなければ、保障サービスが得られなくなるので注意が必要である。他方、保険会社は、確実に保障を提供するために保険料が支払われているかを保全管理しなければならない。

（5）　メリットレイティングの効果と課題

　保険集団全体での収支を均等させる一方で、個別保険料に接近させる方法として、メリットレイティング（merit rating）がある。これは、契約者の保険金請求の実績（experience）に応じて保険料を調整するもので、代表的なのは自動車保険における等級別料率制度である。

　メリットレイティングは、統計学でよく用いられるベイズ推定の応用と理解できる。ベイズ推定とは、観察事象から推定したい事柄を確率的に推論する方法であるが、メリットレイティングは、契約後に追加的に得られた情報を、新たな保険契約に利用するものである。

　わが国の自動車保険の保険料設定では、年齢や車種などによって区分されたうえで、前年の実績を踏まえて、無事故で保険金請求がなければ、等級が1ランク上がり、新しい保険期間では保険料が割り引きされる。これに対して、事故により保険金請求を行った場合には、等級ランクが（保険金請求1件あたり3ランク）下がり、保険料は割り増しされる。

このメリットレイティングには、事故の実績が保険料に反映されることで、事故抑止のインセンティブが期待されることに加えて、契約者の公平感が得られやすい。また、導入コストが比較的小さいことから、安易に導入されやすい。

もう1つ指摘しておくべき効果は、少額保険金請求抑制効果である。等級別料率制度では、保険金を請求すると、次契約の保険料は上昇するが、損害を自己負担し保険金請求を控えれば、事故はなかったものとして保険料は引き下げられる。契約者にとって、少額の損害であれば、長期的に見れば、むしろ保険金請求しないほうが得策ということがありうる。つまり、少額の保険金請求を抑制する効果が期待できることから、保険会社にとって事務コストの軽減にもつながるだろう。

しかしながら、保険理論からは問題があることも留意すべきである。保険料率がリスクに応じて公正に設定されているならば、事故発生は確率の結果である。事故発生を保険料に反映させることは、保険料率がリスクに応じて設定されていなかったことを是認することになる。

メリットレイティングは、適正な保険料設定に向けての最善策（first best）ではなく次善策（second best）であり、料率体系のあり方を踏まえたうえでの補正として導入されるべきシステムである。

5-3 | 責任準備金の構造

（1） 責任準備金

保険会社が受領した保険料は、将来の保険金や給付金、年金などの支払いに備えて積み立てられている。これを、責任準備金と呼ぶ。1996年4月より施行された保険業法で、「標準責任準備金制度」が導入されて、責任準備金の積み立て方式だけでなく計算基礎率についても監督官庁が定めることになった。ここでは、保険会社の健全性維持や契約者保護の観点から、標準利率を責任準備金の積み立て利率として金融庁が定めることになった。この標準利率は、各保険会社が採用する予定利率の基準となるものである。

　責任準備金は、保険料積立金と未経過保険料の2つからなっている。保険料積立金とは、一時払い方式、平準方式で払い込まれた保険料のうち、その年度の危険率に相当する部分を除いた貯蓄保険料であり、契約日から整数年数を経過した時点で計算される。他方、未経過保険料とは、収入保険料のうち、なお保険会社の責任が残存している期間に対応する部分で、端数経過の場合に計算される。

　責任準備金は、積立預金残高のような面があると同時に、評価勘定でもある。したがって、予定死亡率や予定利率などの基礎率は、使用する際の計算基礎によって積み立てられるべき責任準備金は異なってくる。保険料は予定利率によって割り引かれており、責任準備金は、資産運用によって収益を維持しなければならない。

　評価勘定としての責任準備金は、2つの性質を有している。1つは、将来の保険金支払いのために、現在用意しておかなければならない準備金という側面であり、もう1つが、過去の貯蓄保険料を蓄えて現在保有している保険料積立金の総額という側面である。前者は、「将来法による責任準備金」、後者を「過去法による責任準備金」と呼ぶ。理論的には、見積もりが正しければ、両者は一致する。

　責任準備金の積み立て方式には、大きく平準純保険料式とチルメル式がある。平準純保険料式とは、保険期間の初めから、純保険料の中から責任準備金に相当する金額を着実に積んでいく方式である。標準責任準備金で定められている積み立て方式は、平準純保険料方式である。

　ところが、保険事業において、営業職員や審査、保険証券作成などで、契約時に大きな経費が支出される。そこで、各年度の付加保険料に差異を設けて、第1年度の付加保険料を超える経費については、当該契約の純保険料から賄われ、純保険料から経費に充当された部分は第2年度以降の付加保険料で埋め合わされていく方式がある。これを「チルメル式」という（図表5‒5）。

　このチルメル式では、責任準備金の積み立て方が異なってくる。第1年度の純保険料が少なく、経過年数の浅い時点では責任準備金も少なくなり、そ

図表5-5　責任準備金積立てにおける平準純保険料式とチルメル式
（養老保険の場合）

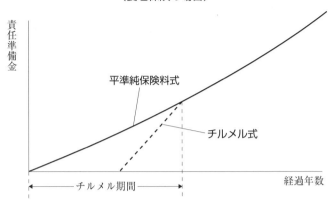

出所：生命保険協会資料

　の積立不足分は、第2年度以降の付加保険料から埋められていく。なお、第
1年度の経費を償却する期間によって、5年チルメル、10年チルメル、全期
チルメルなどに区別される。チルメル経過後は、平準純保険料方式と同じ付
加保険料となる。

　創業からの年数の浅い保険会社は、チルメル式を採用する場合が多いが、
既に創業から相当年数が経過している保険会社は、平準純保険料式を採用し
ている。なお、1996年4月より施行された保険業法において導入された平準
責任準備金においては、標準純保険料式により積み立てることが定められて
いる。

　保険会社各社の責任準備金の状況は、ディスクロージャー誌において、個
人保険、個人年金保険、団体保険、団体年金保険などの区分ごとに残高が開
示されている。

（2）　責任準備金と解約返戻金

　責任準備金は、保険種目によって責任準備金の積み上げられ方が異なる（図
表5-6）。死亡保険における純保険料は、危険保険料だけで構成されて貯蓄

図表5-6　定期保険と養老保険の責任準備金

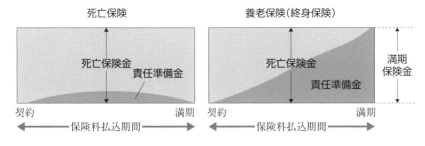

出所：生命保険文化センター資料

保険料が含まれないので、危険保険料の中から責任準備金が積み立てられる。平準保険料方式により、前半は、収入と支出の差が蓄積されて、責任準備金は増加していくが、後半には収入の不足に充当されて責任準備金は毎期減少し、保険期間満了に至ってゼロとなる。

　これに対して、養老保険の純保険料には、危険保険料と貯蓄保険料が含まれているので、危険保険料による責任準備金の増減に加えて、貯蓄保険料の積み立てにより、経過年数とともに責任準備金は増加していく。そして、最終的に、この責任準備金は、満期保険金として支払われることになる。なお、終身保険の場合には、満期保険金はないが、死亡時に必ず責任準備金に基づいた死亡保険金が給付される。

　このように、責任準備金は、貯蓄保険料の割合が大きい保険種目ほど大きくなる。すなわち、①死亡保険よりも養老保険、②定期保険よりも終身保険、③短期保険よりも長期保険、④全期払い契約より一時払い契約、のほうが、責任準備金は大きくなる。

　保険契約を中途で解約する場合には、責任準備金から解約返戻金が支払われる。したがって、保険契約ごとに計算された責任準備金の大きさによって、解約返戻金が決まる。責任準備金の構造から理解できるように、通常、払い込まれた保険料よりも解約返戻金は少ない。その理由は、①払い込まれた保険料には事業費として消費された付加保険料が含まれていること、②純保険

図表5-7　定期保険と養老保険の構造比較

	定期保険	養老保険（終身保険）
保障内容	死亡時に死亡保険金 （満期保険金はない）	死亡時には、死亡保険金 満期まで生存した場合には、 満期保険金
純保険料の構成	危険保険料	危険保険料+貯蓄保険料
責任準備金	積立額は小さい	積立額は大きい
解約返戻金	少ない（ほとんどない）	責任準備金に応じて決まる
保険料額	低い	高い

料のうち危険保険料として消滅している部分があること、③解約手数料がかかること、などである。

　以上の考察をまとめたのが、図表5-7である。

（3）　保険利潤の構造

　保険利源（保険利益の源泉）は、保険料の構造と密接な関係にある。保険契約は、保険料の収受によって成立する。保険料は、予定された基礎率（予定死亡率、予定事業費率、予定利率、予定解約率など）に基づいて算定される。しかし、実際の基礎率は、予定された基礎率との間に乖離が生じることがあり、それが保険利潤の源泉となる。すなわち、保険における3利源（死差益、利差益、費差益）と呼ばれるものである。

　死差益（危険差益ともいう）は、実際死亡率が予定死亡率を下回った場合に発生する。保険料構成に照らすと、危険保険料から生じる利益である。保険会社にとっては、死者数が予測していたものより実際に少ない場合には、利益が生じることになる。

　利差益は、実際の運用利回りが予定利率よりも上回った場合に生じる利益である。保険料構成に照らすと、貯蓄保険料を源泉とする。保険会社の資産運用の成果によって発生する利益である。

　費差益は、実際事業費率が予定事業費率より低く抑えられたときに生じる利益である。保険料構成に照らすと、付加保険料を源泉とするものである。

経営効率の改善（経営努力）により発生する利潤とみなすことができる。

　これらの 3 利源は、契約者配当の原資となるが、その還元ルールは、保険によって異なる。配当還元のルールによって、大きく、有配当保険、利差配当保険、無配当保険に分けることができる。

　有配当保険は、上述の 3 利源の全てを原資とする。すなわち、死差配当、利差配当、費差配当が合わせて還元される。ただし、保険料は高めに設定されており、いわゆる高料高配の保険と言える。次に、利差配当保険は、準配当保険とも呼ばれ、3 利源のうち、利差配当だけを還元し、死差配当、費差配当はない。つまり、死差益と費差益は、保険会社に帰属することになる。保険料は、有配当保険よりも低く抑えられている。最後に、無配当保険は、全ての配当がないもので、死差益、利差益、費差益、いずれも契約者に還元されず、保険会社に帰属する。ただし、保険料は最も低く設定されている。

　よくインターネット上の「保険比較サイト」などで、各社の保険商品が比較されているが、表面的な保険料比較は誤解を生じやすい。契約者配当がどのような保険であるかを含めて検討しなければ、正しく保険商品を比較できないのであり、逆に言えば、このことが保険商品の比較を難しくしている原因となっている部分がある。

5-4 保険金の構造

（1）　被保険利益の 3 要件

　保険契約、特に損害保険契約において、被保険利益は重要な概念である。被保険利益とは、保険の目的物に保険事故が発生することによって、被保険者が経済的損害を被る可能性のある利害関係である。古くから、「被保険利益なければ保険なし」という諺があるように、被保険利益の存在の有無は、保険契約の有効性基準となる。

　被保険利益として認められるためには、①適法性、②経済性、③確定性の 3 要件が必要とされる。すなわち、第 1 に、適法であること（公序良俗に反しないこと）である。例えば、麻薬や禁制品などを付保することは、たとえ

それが被保険者に生じた経済的損害を補うものであったとしても、不法行為を擁護することになりかねない。不法行為となるような被保険利益を保険の目的とする保険契約は、公序良俗に反しており無効である。第2に、金銭的に見積りうる利益であること、つまり、客観的に経済的価値が評価できなければならないということである。例えば、思い出の写真のような精神的利益は、個人にとって何物にも代えがたい価値があるとしても、金銭的見積もりが難しいので被保険利益とはならない。そして、第3に、被保険利益の対象や範囲が確定していることである。対象とする被保険利益が、状況に応じて変動すると、保険料算定や契約条件を確定できなくなるだけでなく、恣意的な行動を誘発させかねない。したがって、保険契約の時点で、保護される対象や範囲が確定していなければならない。

　損害保険の領域では、被保険利益の存否は非常に重視されているが、生命保険の領域では曖昧である。上記の3要件を厳格に適用すると、生命保険には当てはまらない可能性がある。特に、人的生命価値は、正確には金銭的に見積もることができない。保険契約の成立要件としての被保険利益が認められないとすると、生命保険は保険ではないのかという問題に直面する。

　生命保険が既に社会的に必要とされる存在である限りにおいて、生命保険を否定することは現実的ではない。そこで学説的には、被保険利益の要件を厳格には満たしていないが、擬制的に被保険利益が存在することを容認するという立場をとっている。そして、金銭的に見積もりが難しい人的生命価値については、被保険者の収入や社会的地位などを加味して、生命保険の保険金額の引き受け上限が設定されている。

（2）　保険価額と保険金額

　被保険利益の評価額を保険価額という。これは、保険の目的物の経済的評価額であり、損害額を算定するための基準となるものである。これに対して保険金額は、保険契約において定められた保険者の支払うべき保険金の限度額をいう。保険価額は、客観的に算定されるが、保険金額は、契約者が自ら選択するものである。保険金の支払い方法を決定するにあたって、保険価額

と保険金額の関係を把握しなければならない。

　保険契約には、「保険利得禁止（＝保険において利得を許さず）」の原則がある。保険を利用して利益が得られる可能性があるとすれば、もはや保険は投機の対象となり、保険の安定性や信頼性が損なわれる。保険は、あくまでも被った損害に対して、補償をする制度でなければならない。

　保険利得禁止の原則に従えば、保険金額は、保険価額の範囲で定められる必要がある。仮に、保険価額よりも大きい保険金額が設定されると、損害が発生すれば、保険価額以上の保険金を受け取ることができるため、利得を得るために故意に事故を起こしかねない。これは、社会秩序を乱すことでもあるため、厳しく制限されている。

　保険金額＝保険価額となるような保険を全部保険あるいは全額保険と呼ぶのに対して、保険金額 ＜ 保険価額となる保険を一部保険あるいは部分保険と呼ぶ。他方、保険金額 ＞ 保険価額となるような保険は、超過保険といい、超過した部分の保険契約は無効となる。超過保険は、契約締結時に、保険価額以上に保険金額を設定することによって発生するが、契約成立後、保険期間中に発生することもある。物価が上昇するなどにより保険期間中に保険価額が変動した場合には、結果として超過保険となるが、契約締結時の状況で超過保険かどうかが判断されることになっている。

　また同一の保険の目的物について、複数の保険契約が一時期に結ばれたために、保険金額の総計が保険価額を超過する場合の保険を重複保険（重複超過保険）という。この重複保険が成立するためには、同一の保険の目的物に複数の保険契約が存在し、同一の被保険利益、同一の保険事故、および共通の保険期間が要件となる。

　重複保険に対しては、保険法（2010年4月施行）によって、独立責任額全額支払方式が導入された。これは、他の保険契約が締結されている場合には、保険会社は、自らが締結した保険契約に基づく保険金の全額を支払う義務を負う。保険会社は、後日、他の保険会社に対して、責任の比率に応じて求償することになる。

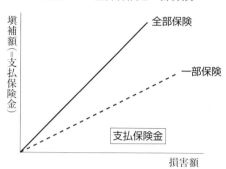

図表5-8　全部保険と一部保険

（3）　比例塡補原則と実損塡補原則

　上述のように、保険金額が保険価額と一致した保険を全部保険（全額保険）というのに対して、保険金額が保険価額を下回る場合の保険を一部保険（部分保険）という。全部保険では、損害が全損（100％）である場合には、保険金額の全部が保険金として支払われるのに対して、一部保険では、保険金額の保険価額に対する割合（付保割合）に応じて保険金が支払われる（図表5-8）。すなわち、

$$\text{保険金} = \text{損害額} \times \frac{\text{保険金額}}{\text{保険価額}}$$

となる。これを比例塡補原則という。

　しかし、一部保険では、常に契約者自身が損害の一部を負担する必要が生じる。そこで、一部保険における比例塡補の原則を緩和して、火災保険では、保険価額の範囲内で保険金額が設定され散る場合でも、保険金額を限度として実際の損害額を塡補する方式が採用されている。これを実損塡補原則という。火災保険で一般的に採用されている「80％コウインシュアランス条項」では、保険金額が保険価額の80％に相当する額以上のときは、保険金額を限度として損害額と同額が保険金として支払われる。例えば、保険価額2000万円に対して、保険金額を1600万円、つまり付保割合を80％に設定する場合には、損害額が1000万円であったときには、比例塡補原則では支払保険金は

800万円であるのに対して、「80％コウインシュアランス条項」のもとでは、実損填補原則によって1000万円の保険金が支払われる。

　一般に、家計分野の自動車保険や火災保険などでは、実損填補方式が基本であるが、企業分野の火災保険や海上保険では、契約により、比例填補方式で保険金が支払われる。

（4）　価額協定保険と新価保険

　一般的に財産は、時間の経過とともに経済的価値が低下していくため、保険価額も低下する。しかし、低下した保険価額で保険金額を設定すると、万が一の際には、元の状態に回復することができない恐れがある。そこで、保険者と保険契約者で保険価額を評価して協定する保険方式がある。これを価額協定保険といい、価格協定がなされている保険を評価済み保険という。損害発生時点で実際の保険価額より著しく高額でない限りは、約定した保険価額に基づいて、保険金が算定される。

　物価の変動により、契約時の保険金額では、元の状態に回復できない可能性もある。時価2000万円の住宅に全部保険を付保したとしても、2000万円の保険金では、前と同じ住宅を再建することが難しいことがありうる。そこで、このような問題を解消するための保険として、新価保険がある。新価保険は、再建価格ベースで保険金を支払う保険である。実際に販売されている保険商品では、再建に要する金額を契約時に算出し、その額を協定保険価額とする方式（再建ベースでの価額協定保険）がとられている。新価基準による保険は、かつて利得禁止原則に抵触するのではないかということが問題になったが、現在は有効と認められている。

（5）　生命保険・損害保険と保険金支払い原則

　保険金の支払い原則は、損害保険と生命保険と責任保険では、大きく特徴が分かれる。これまで述べてきた保険金の支払い方式は、一般の損害保険を前提としていた。ここでは、客観的に算定される保険価額と、契約者が設定する保険金額との関係で、実際に発生した損額に基づいて、支払保険金が算

定される。このように、損害に基づいて保険金が支払われることから、損害填補原則という。

　生命保険については、保険価額は存在せず、死亡保険の場合には、契約者が設定する保険金額が、死亡時にはそのまま定額で保険金が支払われる。医療保険においては、1日あたりの給付額に入院日数を乗じて給付金が支払われる。したがって、給付金総額は、入院日数に比例的に給付される。生命保険の場合には、実際の損害額とは関係なく、あらかじめ決められた金額で保険金が給付されるので、定額給付原則といえる。

　最後に責任保険についても、生命保険と同様に保険価額が存在しない。保険金額は、契約者が契約時に設定することになる。このときの保険金額は、保険金の支払限度額を示している。しかし支払われる保険金は、契約者が、被害者に対して負う賠償金額である。例えば、自動車保険の対人賠償保険では、保険金額を無制限とするのが一般的であるが、これは言うまでもなく、保険金を無制限で支払うということではなく、支払い限度額が無制限ということである。したがって、責任保険の保険金支払い方式は、実損填補原則である。

（6）　定額自己負担と定率自己負担

　支払わる保険金は、保険金額だけで決定されるのではなく、自己負担を設定することで、保険料を抑える方法がある。それには、自己負担を定額で設定する方式と、定率で設定する方式がある（図表5-9）。これは、一定の自己負担を設けることで、契約者の事故抑止インセンティブを期待するとともに、保険料を軽減する効果がある。

　定額自己負担は、デダクティブル（deductible）ともいい、車両保険では、例えば控除額10万円を超えた部分を保険金として支払う仕組みが広く取り入れられている。控除額を設定しないタイプと比較すると、控除額が設定することで、保険料は大幅に抑えられている。この方式では、小損害に対しては事故抑制インセンティブが期待できるものの、大損害に対する事故抑制インセンティブは働きにくい。なお、一定の額（率）に満たない少額の損害につ

図表5-9　定額自己負担と定率自己負担

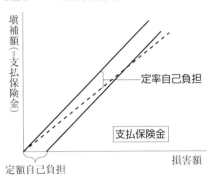

いては、補償対象としない小損害免責（franchise）という方法も存在する。
これは事務経費を節減して、保険料負担を低減する効果が期待される。

　一方、定率自己負担は、上述の比例塡補方式と同じ効果であり、損害額に
対して一定率を乗じた部分を自己負担するものである。自己負担額は、損害
額が大きくなるにつれて増大する。したがって、定額自己負担よりも、大損
害に対する事故抑制インセンティブ効果は期待される。

　定額自己負担も定率自己負担も、保険者にとってモラルハザード対策とし
て採用されることが多いが、それは契約者にリスクの一部を負担してもらう
ことを意味する。契約者にとっては、この部分はリスクの保有ということに
なる。

5-5 │ 生命保険と損害保険の構造

（1）　生命保険・損害保険と第三分野保険

　保険業に対する監督法制である保険業法3条では、生命保険を「人の生存
又は死亡に関し、一定額の保険金を支払うことを約し、保険料を収受する」
保険とし、損害保険を「一定の偶然の事故によって生ずることのある損害を
てん補することを約し、保険料を収受する」保険と定義している。そして、
定期保険や終身保険など、生命保険に固有の分野を「第一分野保険」、自動

車保険や火災保険など、損害保険に固有の分野を「第二分野保険」と呼んでいる。両者は、保険業法上明確に区別がなされていて、生命保険業と損害保険業の兼営は、禁止されている。

　ところが、医療保険、がん保険、介護保険、傷害保険などの保険は、厳密には、上記の生命保険と損害保険の定義を部分的にしか満たしていない。例えば、医療保険における入院給付金は、人に関する保障を行う生命保険であるが、実際には入院にかかった費用を填補する損害保険の性格も合わせ持っている。同様に、傷害保険は、偶然の事故により被ったケガや傷害に関する費用を賄うための保険であるが、対象としているのは物ではなくて人に関わる損害である。

　こうした生命保険と損害保険の両方の性格を有する保険を「第三分野保険」と呼んでいる。この第三分野保険について、保険業法では生損保両業界において取り扱うことが認められている。現在、第三分野保険は、今後期待される成長分野として、両業界ともに注力している事業領域である。しかしそれだけに、両業界の軋轢も生じやすく、監督上、しばしば混乱をきたすことがあったために、あらためて第三分野保険の明確な定義が求められてきた。

　そこで、2010年4月に施行された保険法では、第三分野保険を2つに分けて、「保険者が人の傷害疾病によって生ずることのある損害をてん補することを約するもの」（保険法2条7号）を「傷害疾病定額保険」とする一方で、「保険者が人の傷害疾病に基づき一定の保険給付を行うことを約するもの」（保険法2条9号）を「傷害疾病損害保険」と定義をした。そして、保険金の支払われ方で、傷害疾病定額保険を生命保険事業とみなして生命保険会社が取り扱える分野とし、他方、傷害疾病損害保険を損害保険事業とみなして損害保険会社が取り扱える分野とし、明確に区別した。

　これらの関係を示したのが図表5-10である。図に示されているように、全体の保険種目は、保障対象により、人（ヒト）か、財物（モノ）かに分けることができるが、生命保険の第一分野（図中①）、損害保険の第二分野（図中④）に対して、第三分野保険については、ヒトを保障する保険と位置づけられる。しかし、保険金の支払い方法で分けると、定額保障か、損害填補か

図表5-10　保険事業領域と第三分野保険

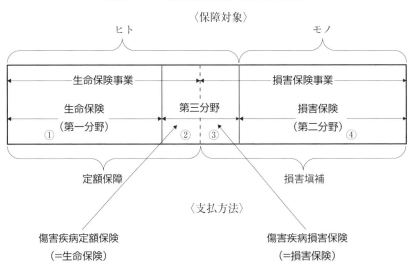

出所：筆者作成

　に分類されて、前者は生命保険会社（図中②）が、後者は損害保険会社（図中
③）が、それぞれが扱うものと規定されたということになる。これにより、第
三分野保険は、それぞれの特徴を保ちながら、併存することが可能となった。

（2）　生命保険と損害保険の構造比較

　これまで議論してきた内容を総括して、生命保険と損害保険の構造を比較す
ることで整理しておきたい。上述したように、生命保険と損害保険の分類
基準は、基本的に保険の対象（人かモノか）と保険金の支払い方法（定額保
障か損害補償か）である。こうした定義上の問題以上に、生命保険と損害保
険には性質上の違いがある。それらをまとめたのが、図表 5 -11である。

　上述したように、保険業法では、生命保険と損害保険の兼営が禁止されて
いる。その理論的根拠すなわち正当性を考えると、生命保険と損害保険とで
は引き受けるリスクの性質が異なることが挙げられる。生命保険が引き受け
る人に関わるリスクは統計的にみて安定的であるのに対し、損害保険が引き

図表5-11　生命保険と損害保険の構造比較

	生命保険	損害保険
保険の対象	人	モノ
保険金支払い方法	定額保障	損害補償
被保険利益	擬制的に認める	明確に存在
保険期間	長期	短期
大数の法則	働きやすい	働きにくい
リスクの性質	同質的	異質的
リスクの連鎖性	独立的	連鎖的
リスクの安定性	安定的	変動的
保険料設定	平均保険料、相対的に簡素	個別保険料、相対的に複雑
危険選択	比較的厳しい	比較的緩い
損害査定	簡素・緩い	複雑・厳しい
保険料の性格	預り金	引受け手数料
主な収益源	3利源（利差益、費差益、死差益）	コンバインドレシオ（1 － （損害率+事業費率））
主たる保険分野	家計分野	企業分野
経営理念	相互扶助	自己責任

出所：筆者作成

受けるモノに関わるリスクは、多種多様なものが含まれて、統計的に必ずしも安定していない。さらに、生命保険は家計分野のウエイトが大きく契約者は個人が多くを占める。これに対して、損害保険は企業分野のウエイトが大きく、契約者は企業がかなりの割合を占める。

　仮に、生命保険と損害保険を兼営するとなると、企業リスクを、多くの個人が負わされるという構造を生み出す可能性がある。そもそも企業は、営利を目的にあえてリスク（危険）をとることで、リターン（利益）を目的にビジネスを行っており、さらに保険に加入した場合、そのコストを商品価格に転嫁する方法も存在している。しかしながら、個人は、あくまでも生活保障の最終手段として保険に加入するのであり、また企業のようにコストを転嫁する方策はない。したがって、損害保険で引き受ける企業リスクが、生命保険で引き受ける個人リスクに移転することは不合理であり、阻止されるべき

である。わが国では、損害保険会社が生命保険子会社を、生命保険会社が損害保険子会社を保有しているが、そこでは、明確なファイアウォール（業務規制）が定められており、リスクの遮断が図られている。

　そうしたリスクの性質のみならず、生命保険と損害保険では、経営上の理念にも相違点が認められる。生命保険では、契約が数十年の長期に及ぶものが多い。一方の損害保険では、ほとんどが 1 年契約、長くても 5 年契約である。こうした契約期間の長短の差は、必然的に経営戦略に反映される。生命保険会社が契約者から受け取る保険料は、長期にわたって保障サービスを提供する責任を負うための預り金としての性格を有しており、安定的あるいは保守的な資産管理が求められる。

　これに対して、損害保険では、集めた保険料はリスクの引き受けに対する対価としての性格が強くなり、保険期間が終了した段階で、直ちに保険金と保険料の収支差が損益として認識される。通常、損害保険の収益は、一般的に、コンバインドレシオ（combined ratio）すなわち合算比率と呼ばれる数値によって把握される。コンバインドレシオとは、損害率（＝支払保険金／収入保険料）と事業費率（＝事業費／収入保険料）の合計を 1 から引いた数値であり、マイナスの数値になると、保険収支において損失が発生していることを示している。

　こうした保険期間の長短の違いにより、生命保険会社は、金融機関としての性格をより強く帯びるのに対して、損害保険会社は、金融機関というよりは、リスク取り扱い機関としての性格のほうが強くなる。

　以上のように、生命保険と損害保険におけるリスクの性質や保険期間の違いによって、両業種間で経営理念や経営戦略に明確な特徴が表れてくることが理解できるだろう。

5-6 ｜ 基本的生活保障と社会保険・民間保険

（1）「生老病死」と社会保険・民間保険

　仏教には、四苦八苦という言葉がある。人として免れることのできない苦

しみ、すなわち、生（生きる苦しみ）、老（老いる苦しみ）、病（病になる苦しみ）、死（死ぬ苦しみ）、これらの四苦に加えて、愛別離苦（愛する者と別離すること）、怨憎会苦（怨み憎んでいる者に会うこと）、求不得苦（求める物が得られないこと）、五蘊成苦（人間の肉体と精神が思うようにならないこと）の四苦を加えて、四苦八苦である。これらの苦しみは、全ての人間に共通した苦しみであり、現代の言葉に置き換えれば、基本的な生活リスクということになる。

　これらの生活リスクに対する生活保障として、わが国では社会保障制度の中の社会保険が対応している。まず、「生きるリスク」とは、現代では長生きによるリスクであり、そのための老後保障として公的年金の中の老齢年金が支えている。次に、「老いるリスク」とは、加齢に伴って体の自由がきかない状態になるリスクであり、これに対する介護保障として公的介護保険が創設されている。

　さらに、「病になるリスク」とは、病気になってしまうリスクであり、そのための医療保障として公的医療保険がある。そして最後に、「死ぬリスク」は、自分自身の死亡のリスクというよりは、残された家族が生活困窮に陥るリスクのことであり、これに対する遺族保障としては公的年金の中の遺族年金が存在している。

　このように、四苦（生老病死）について、社会保険が一対一で対応していることがわかる。現代社会では、これらのほかに、新たに第5のリスクとして所得喪失リスクが出現している。人々にとって、失業や病気など予期せぬ理由で所得を喪失する不安は非常に大きい。社会保険では、このリスクに対して、雇用保険をはじめとして労災保険（労働者災害補償保険）や公的年金の中の障害年金が対応している。上記の公的年金、公的医療保険、公的介護保険、雇用保険、労災保険の5つが、わが国の社会保険の全てである。

　しかしながら、社会保険だけでは、十分な保障水準を確保することができない。そこで、必要保障を確保するために、民間保険が補完的役割を担うことになる（図表5-12）。生命保険と損害保険では保障内容が異なるが、それぞれ、社会保険による保障を上乗せする形で保険を提供している。例えば、「生きるリスク」に対する老後保障としては、個人年金や企業年金がある。「老

図表5-12　基本生活保障における社会保険と民間保険

	社会保険	民間保険 （生命保険）	民間保険 （損害保険）
生きるリスク （老後保障）	公的年金（老齢年金）	個人年金 企業年金	
老いるリスク （介護保障）	公的介護保険	介護保障保険 認知症保険	介護費用保険
病になるリスク （医療保障）	公的医療保険	医療保障保険 がん保険	医療費用保険
死ぬリスク （遺族保障）	公的年金（遺族年金）	定期保険 終身保険	傷害保険
所得喪失リスク （所得保障）	雇用保険 労働者災害補償保険 公的年金（障害年金）	就業不能保障保険 収入保障保険	所得補償保険

出所：筆者作成

　いるリスク」に対する介護保障としては、民間介護保険が対応しており、ま
た、「病になるリスク」に対する医療保障としては、民間医療保険やがん保
険などが存在している。これら民間介護保険や民間医療保険は、社会保険が
提供する水準に上乗せするだけでなく、保障されない部分を対象として独自
に保障することを特徴としている。
　このように、社会保険と民間保険は、基本的リスクに対して補完的関係を
築いており、生活保障システムにおいて役割を分担している。

（2）　社会保険と民間保険の構造比較

　生活保障システムの中で、保険は常に中核的地位にある。ところが、社会
保険と民間保険は同じく保険技術を援用しながらも、その性格は多くの点で
異なっている。その両者を比較したのが、図表5-13である。まず、社会保
険は国民に普遍的なリスクを対象として強制加入させるのに対して、民間保
険は個別のリスクを対象として、その必要に応じて任意に加入するという大
きな相違がある。例えば、自動車事故を引き起こすリスクは、運転者（自動

図表5-13　社会保険と民間保険の構造比較

	社会保険	民間保険
加入の自由性	強制加入	任意加入
保障対象	普遍的なリスク 逆選択の可能性の大きいもの	個別的なリスク 逆選択の可能性の小さいもの
保障水準	法律で定められた給付水準 　（相対的に決められた最低生活保障）	契約で定められた給付水準 　（個人の希望・負担能力により自由に設定）
保険集団	異質なリスク集団	同質なリスク集団
保険料設定	所得に基づく平均保険料	リスクに応じた個別保険料
実質価値維持	インフレ対応可能	インフレ対応困難
制度理念	社会連帯性・弱者救済	自己責任・自助努力
相互扶助性	目的としての相互扶助	結果としての相互扶助
指向性	平等（均等）化	差別（個別）化
制度の性格	連帯主義による社会制度	個人主義による経済制度
経済的機能	社会的厚生の最大化	資源配分の効率性
公平性基準	社会的妥当性	保険（数理）的公平性

出所：筆者作成

車保有者）でなければ被らないが、長生きのリスクは、全ての人に共通して存在する。社会保険においては、強制加入を通じて保険固有に発生する逆選択の現象を阻止すると同時に、政策目標を達成することになる。

　また、社会保険では、政策目標を達成するために、保険技術を応用しながらも、保険原理の大幅な修正が施されている。本来、保険は、給付・反対給付均等の原則に従って、リスクを媒介として給付（保険金）と反対給付（保険料）を等価で交換することを原理としており、そのために保険集団は同質なリスクで形成されていることが前提となる。

　ところが、社会保険では、全ての国民を保険に加入させることで、リスクを平均化させることを主たる目的としているために、形成される保険集団は必然的に異質なリスクである。これにより、民間保険では加入できないリスクでも、保険に取り込むことが可能となる。そして、社会保険では、保険原理が求めているリスクに応じた保険料負担は大幅に修正されて、個別のリスクの大きさとは無関係に保険料が設定される。基本的に、社会保険では、リ

スクではなく所得に応じた保険料負担が行われ、そのことを通じてリスク再分配だけでなく所得再分配の機能を有することになる。

　社会保険は、民間保険と比較して、その時代の社会経済の状況に応じた柔軟な制度変更が可能であることから、給付水準の実質的価値を維持するための方策も採用しやすい。しかし、これにより、民間保険の理念とはますます乖離する。すなわち、民間保険が個人主義による経済制度であるのに対して、社会保険では、政府主導の下で社会的な連帯を強調し、経済原理あるいは保険原理から離れて社会制度として運営される。

　こうして、さまざまな修正が加えられることにより、民間保険における理念から乖離し続けることで、社会保険と民間保険とは、同じく保険という名称を用いながら、全く異なる制度として存在することになる。社会保険においても、「保険原理」という文言が用いられるが、通常、保険学で用いられるものとは明らかに異なる。社会保険における「保険原理」とは、保険料拠出を「義務」として保険金給付という「権利」が付与されるという、単なる「拠出原理」を意味することに注意されたい。

自習用研究課題

1.　保険経営の観点から、平準保険料方式の構造と効果について、考察しなさい。
2.　死亡保険と養老保険のそれぞれの構造的特徴を、保険料と責任準備金の観点から比較考察しなさい。
3.　生命保険や損害保険と比べたときの責任保険の構造的特徴について、保険金支払い原則の観点から考察しなさい。
4.　生命保険と損害保険には、どのような構造的特徴があるか。さらに、わが国で生命保険と損害保険の兼営が禁止されている理論的根拠を説明しなさい。

第6章
保険と金融

〈本章のねらい〉

　保険会社は、保険を通じて経済的保障機能を提供するが、必然的に金融機能を担っている。本章では、保険の金融性を考える。まず、保険資産と保険負債のそれぞれの特性を取り上げる。次に、多くの金融リスクを抱える保険会社に対して、財務健全性を図るために採用されているソルベンシー・マージン規制の概念と課題を整理する。そして、保険会社のこれまでの運用政策の変遷を辿りながら、最後に、今日の保険会社が経営戦略において重視している企業リスク管理（ERM）の構造と意義を論ずる。

6-1 | 保険の二大機能──経済的保障機能と金融機能

　保険は、2つの大きな機能を担っている。1つは、経済的保障機能と呼ばれるものである。すなわち、日常生活に存在するさまざまなリスクに備えて、そのリスクが現実化した際の経済的損失の影響を軽減させる機能である。事前的には、事故発生の不確実性を減少させることで精神的安心感を与え、事後的には、発生した経済的損失に対して補填する。

　保険が有するもう1つの機能は、金融機能である。これは、保険会社が契約者から集めた保険料を保険資金として金融市場において資産運用し、その金融収入を契約者に還元することで経済的保障の充実を図る機能である。

　図表6-1は、経済的保障機能と金融機能の関係を示したものである。保

図表6-1　経済的保障機能と金融機能

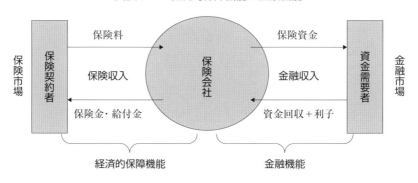

険会社と保険契約者との取引では、保険契約者が保険料を支払い、経済的必要が生じた場合に保険金・給付金として保険会社から保険契約者に給付される。この関係は、主として経済的保障を目的として交わされる保険業務であり、保険の本来的機能である。

　他方、保険会社は、保険契約者から徴収した保険料を保険資金として、金融市場で資金需要者にその資金を提供することで金融収入を得て、それを経済的必要が生じた契約者に還元する。

　経済的保障機能と金融機能の関係は、前者が本来的機能、第1次機能であるのに対して、後者は副次的機能であり、第2次機能とされる。しかし、保険料の構造を見る限り、両者は、一体的な関係にある。なぜなら、仕組み上、保険料は予定利率で前もって割り引かれており、金融市場で運用されることを前提としているからである。しかも、巨大金融機関としての地位を確立した保険会社にとって金融業務は重要な存在であり、特に生命保険における収益構造は、保険引受利益より資産運用利益に大きく依存する傾向にある。

　図表6-2に示されているように、生命保険会社は、このところ保険引受利益がマイナス傾向を見せているが、好調な資産運用利益がそれを補うような収益構造となっており、金融収益の実績が業績の趨勢を決定づけている。

　この傾向は、損害保険会社も全く同様である。損害保険会社は、近年、自然災害の多発による保険金支払いの増加により、保険引受利益が圧迫されて

図表6-2　生命保険会社の収益構造

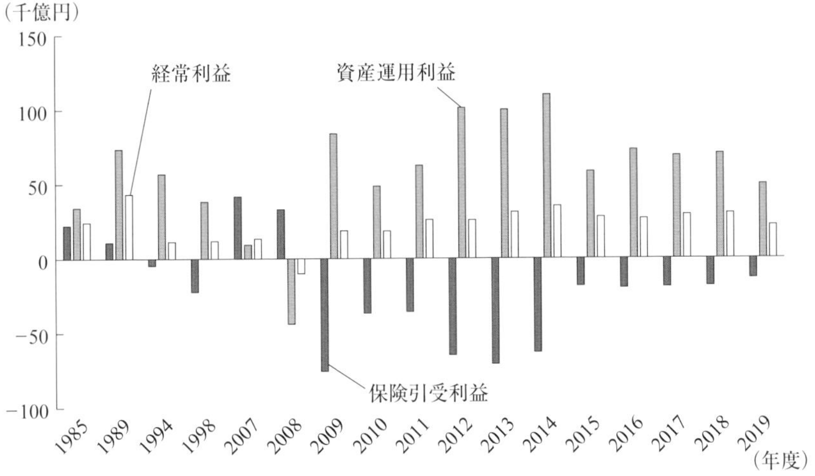

（千億円）

保険引受利益＝保険料等収入－保険金等支払－責任準備金等繰入額
資産運用利益＝資産運用収益－資産運用費用

出所：「生命保険の動向」各年度版より作成

おり、これを安定した資産運用利益が支えるという状況が続いている。

　金融機関としての保険会社は、①機関投資家、②金融仲介機関、③限界的資金供給者、④金融商品供給者、の４つの役割を担っている。すなわち、巨額の保険資金を有する保険会社は、金融市場において機関投資家として行動をとる。そして、資金を需要する主体に対して、貸付金あるいは社債や株式への投資運用を通じて、資金を提供する金融仲介機関としての役割を担う。同様に、金融仲介機関としての役割を担っている銀行との関係では、決済機能を有する銀行が優位な立場にあり、中心的な存在であることから、銀行による資金供給を補完する立場という意味で、限界的資金供給者と理解することができる。最後に、金融機関として保険会社は、変額保険や外貨建て保険などの金融商品を取り扱っている。ここでは、同様の金融商品を提供している他の金融機関との間で競合関係に置かれている。

6-2 保険資産の構成

　金融機関である保険会社の保有資産は、一般事業会社とは異なり、多くが金融資産から構成されている。主な保有資産の項目は、現金および預貯金、コールローン、金銭の信託、有価証券、貸付金、不動産などである。

　図表6-3は、生命保険と損害保険の資産構成比を比較したものである。業界全体の総資産規模は、生命保険が損害保険を大きく凌駕しており、金融機関としての生命保険の影響力が非常に大きいことが推測できる。資産構成については、両業界は近似しているが、細かく見ると事業特性の違いが数字に現れている。すなわち、①現預金の比率は、生命保険よりも損害保険のほうが大きい。②有価証券の比率は、損害保険より生命保険のほうが大きい。③貸付金の比率は、損害保険よりも生命保険のほうが大きい。

　これらの特徴は、両者の事業特性を反映していると考えられる。すなわち、損害保険は、大災害の発生など予期せぬ保険金支払いに備えて、流動性の高い現預金の割合が大きいのに対して、生命保険では、流動性をさほど重視す

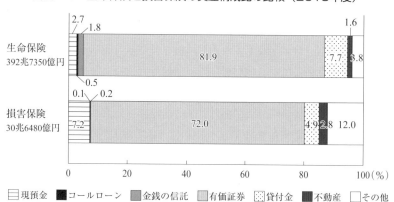

図表6-3　生命保険と損害保険の資産構成比の比較（2019年度）

出所：「生命保険の動向」2020年度版ならびに「日本の損害保険」2020年度版より作成

る必要はなく、現預金の割合を低く抑えている半面で、長期的な運用政策に基づいて、収益性・有利性を求めた有価証券や貸付金の割合を高めている。

　一方、図表 6 - 4 は、生命保険の資産別構成の推移を示したものである。戦後の高度経済成長期には資金需要が旺盛であったために、貸付金を中心に運用されていた。保険会社は、金融仲介機関として、資金需要者と資金供給者を結びつける役割を担っていたのである。しかし、低成長期に入ると、企業の資金需要が低迷したことを反映して、貸付金の割合が低下していく。代わって1990年以降、有価証券が急増し、現在では全体の 8 割以上が有価証券で運用されている。この結果、保険会社は、金融仲介機関から機関投資家へと、金融機関としての役割を変えていった。

　さらに有価証券の構成を見ると、高度経済成長期は株式が中心であった。ところが、その後、バブル経済が崩壊すると、株式のシェアは大きく低下し、安全性の高い国債にシフトしていった。2000年以降のデフレ経済下では、約50％が国債で運用されてきたのである（図表 6 - 5 ）。

　しかしながら、国債運用では、予定利率を賄うに十分な成果を確保することができない。そこで近年では、外国証券への積極的な運用が顕著になって

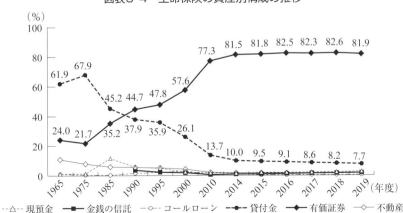

図表6-4　生命保険の資産別構成の推移

出所：「生命保険の動向」各年版より作成

図表6-5　有価証券の構成推移

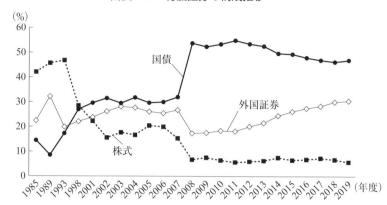

出所：「生命保険の動向」各年版より作成

きた。外国証券は、国内投資と比較して、資産運用リスクに為替リスクが介在することが特徴である。為替リスクは、海外の金融市場や政治状況などの影響を受けやすく、非常に不安定である。これに対して、為替ヘッジで対処することも可能ではあるが、有利性を犠牲にせざるを得ないことから、国内投資よりも慎重なリスク管理が必要となる。

　このように、保険会社の資産構成は、経済状況に大きく依存しながら変遷している。それと同時に、保険会社は、保有資産の増大に伴って金融機関としての地位を向上させることになった。すなわち、保険会社は、金融機関としての行動を通じて、国民経済にも多大な影響を及ぼす存在になっている。

6-3 ｜ 資産運用の原則

　前章で説明したように、保険会社の保有資産の源泉は、多くが責任準備金から生じているものであり、したがって、資産運用においても、次のような運用原則に従わなければならない。

　第1に、安全性の原則である。保険会社は、将来にわたって、確実に補償

サービスを提供する義務があるので、契約者からの保険料の積立金である保有資産も、安全性を重視しなければならない。そのために、高リスクの資産運用は避けなければならない。

　第 2 に、収益性の原則である。資産運用の成果は契約者に還元され、実質的な保障サービスの充実につながるだけでなく、保険会社にとっても重要な収益源である。したがって、安全性に配慮しながらも、収益性を追求することが重要である。

　第 3 に、流動性の原則である。保険会社は、安定した保険金支払いに備えるために、流動性を維持しておかなければならない。前述したように、損害保険会社は、自然災害の発生などで、突然に多額の保険金支払いに応えなければならない可能性があるため、生命保険会社と比べて、現預金やコールローンなど流動性の高い資産への配分が大きい。

　第 4 に、公共性の原則である。保険業は、人々の生活福祉の向上に資する存在である。しかも、保有資産の源泉は、広く一般の消費者から支払われた保険料であることから、安全性や収益性の他にも、公共性を意識した資産運用が求められている。近年では、ESG投資（Environment：環境、Social：社会、Governance：企業統治の各要素に配慮した投資）のように、資産運用を通じた社会貢献を意識した動きがあり、保険会社による運用政策が国民経済に与える影響はますます大きくなっている。

　実際の資産運用においては、これらの原則を同時に満たすことは難しい。例えば、安全性と収益性は、通常、相反する関係にある。安全性の高い投資対象は収益性が低く、逆に収益性を追求すると安全性を損ないかねない。また、収益性の高い運用対象は、相対的に流動性が低いことが多い。

　図表 6 - 6 は、主な運用対象について、収益性と安全性と流動性に関して、相互に比較したものである。現金や国債は、収益性は低いものの、安全性や流動性は高い。他方、株式や外国証券は、収益性は高いものの、安全性は高いとは言えない。貸付金は、収益性が高く、貸付先を吟味することで安全性も確保できるが、企業の資金需要が存在しなければ、運用対象とならない。

　保険会社は、それぞれの運用対象の特性を踏まえて、最適なポートフォリ

図表6-6　主な運用対象の特徴比較

	現金・コールローン	株式	国債	貸付金	外国証券
収益性	低い	中程度	低い	高い	高い
安全性	高い	低い	高い	中程度	低い
流動性	高い	中程度	中程度	低い	中程度

オ（運用対象の組み合わせ）を追求しなければならない。同時に、経済環境の変化によって、金融市場も大きく変わることから、ポートフォリオも常に見直しが必要である。

6-4 ｜ 保険負債の特性

　保険事業の特徴は、貸借対照表における負債の項目に見られる。上述のように、保険会社の資産は、金融機関の特徴と共通しているが、保険負債には、保険事業に特有の特性がある。

　第1に、保険契約準備金における責任準備金が非常に大きな割合を占めていることである（図表6-7）。責任準備金は、将来の保険金や給付金、年金などの支払いに備えて、保険の種類ごとに過去に積み立てられた準備金であり、保険業法によって積立が義務付けられている。その内訳は、①「保険料積立金」（一時払い方式、平準方式で払い込まれた保険料のうち、その年度の危険率に相当する部分を除いた貯蓄保険料：契約日から整数年数を経過した時点で計算される）と②「未経過保険料」（収入保険料のうち、なお保険会社の責任が残存している期間に対応する部分：端数経過の場合に計算される）から構成されている。

　第2に、保険会社にとって、保険負債は長期固定コストと捉えられる。すなわち、保険契約の時点で確定（ロックイン）された予定利率で、保険期間を通じて、長期的な固定コストになる。そのため、資産運用の環境が悪化すると、逆ざや（利差損）を生じさせる可能性がある。

図表6-7　生命保険の負債・純資産の構成

（億円、％）

〈負債の内訳〉	金額	負債内構成比	構成比
保険契約準備金	3,364,676	90.9	85.7
支払備金	19,454	0.5	0.5
責任準備金	3,307,738	89.4	84.2
社員（契約者）配当準備金	37,483	1.0	1.0
価格変動準備金	53,453	1.4	1.4
その他	282,063	7.6	7.2
負債合計	3,700,193	100.0	94.2

〈純資産の内訳〉	金額	純資産内構成比	構成比
基本等合計又は株主資本合計	114,997	50.6	2.9
基金又は資本金	26,298	11.6	0.7
基金償却積立金	29,510	13.0	0.8
資本剰余金	18,880	8.3	0.5
剰余金又は利益剰余金	40,257	17.7	1.0
その他	50	0.0	0.0
評価・換算差額等合計	112,159	49.4	2.9
新株予約権	0	0.0	0.0
純資産合計	227,157	100.0	5.8

総資本（負債・純資産合計）	3,927,350	―	100.0

出所：「生命保険の動向」2020年度版

　第3に、資産と負債のデュレーション（満期までの平均残存期間）にギャップが生じやすいことである。保険負債を構成する責任準備金は、個人年金や終身保険のように保険期間が長期にわたるものが多く、デュレーションが長いことが特徴的である。これに対して、有価証券が大部分を占める資産のデュレーションは、負債よりもかなり短い。このデュレーションギャップの存在は、逆ざや対策を困難にさせる大きな要因である。このために、資産運用の安定性を図るために、デュレーションギャップを拡大させすぎないように、

資産と負債を総合的に管理する資産負債管理（Asset and Liability Management: ALM）が重要である。

　第4に、保険負債は評価勘定であり、その評価は、保険料計算に用いられる基礎率（予定死亡率、予定利率、新契約率、予定解約率など）に基づく。これらの基礎率をどのように決定するかに、保険負債は大きく依存する。この基礎率は経済状況に応じて変動する可能性があるため、保険負債も安定しているわけではない。

　第5に、保険負債の大宗を占める責任準備金は、保障サービスを提供するための積立金であり、契約者にとっては将来のために保険会社に託された資金である。したがって、将来にわたって確実に保障サービスを提供するために、安定的に保全されることが求められる。この「保障サービスの提供」こそ、保険が他の金融商品と大きく異なる部分である。

　第6に、負債に市場性（売却先）がないことである。保険資産の大部分は、市場性を有しており、取引市場で時価による評価が可能である。ところが、保険負債には、取引される市場は存在しない。契約者にとっては売却する先が存在せず、仮に保険を手放そうとすれば解約するしか手立てがなく、それは通常、契約者にとって経済的に不利である。

6-5 │ 財務健全性とソルベンシー・マージン比率規制

（1）　保険会社の事業リスクと財務健全性

　保険会社に期待される最大の社会的責任は、保険契約者に対して保険契約どおりに確実な保障を提供することである。そのために、保険会社は、財務健全性を維持することが必要である。しかし、事業会社としての保険会社は、さまざまなリスクに直面している。

　保険業をめぐる主な事業リスクは、①保険リスク、②金融リスク、③経営リスク、である。保険リスクとは、死亡率や危険率など基礎率に関するリスクや解約・失効リスクなど、保険設計において予想していたものを超えて異常に発生するリスクをいう。次に、金融リスクとは、資産運用に関わるリス

クや信用リスクなどである。また、政府による金融政策やカントリーリスク
など、外的要因にも関係するリスクである。最後に、経営リスクとは、経営
者による景況判断ミスやコンピュータに関するシステムリスク、さらには従
業員が行う法令遵守（コンプライアンス）違反などのリスクも含まれる。

　安定した保険経営を行うためには、これらのリスクに対して適切な管理を
行うことが必要である。財務健全性の維持は契約者保護を図るうえで非常に
重要であることから、そのための政策手段として、ソルベンシー・マージン
比率規制が導入されている。

　保険会社は、事故発生の予測に基づいて将来の保険金支払いに備えて責任
準備金を積み立てている。しかし、通常の予測を超える大規模損害（＝リスク）
が発生する可能性があり、その場合に備えて、財政的な準備を講じておく必
要がある。この通常の予測を超えたリスクに対応する余力を示したものがソ
ルベンシー・マージン比率である。

（2）　ソルベンシー・マージン比率の構造

　ソルベンシー・マージン（solvency margin）とは、責任準備金を十分に確
保したうえで、さらに保有する支払余力のことをいう（図表6-8）。保険会
社は、通常の予測の範囲発生する通常リスクは責任準備金（保険料積立金）
で対応する。しかし、通常の予測を超えて発生する異常リスクについては、
ソルベンシー・マージンで備えることになる。ソルベンシー・マージン比率
規制は、1992年に導入された米国RBC（Risk Based Capital）規制に倣って、
保険会社の財務健全性を測る指標として1996年の保険業法により導入された。
計算式は、次のとおりである。

$$
ソルベンシー・マージン比率（\%）＝\frac{ソルベンシー・マージン総額}{通常の予測を超えるリスクに対応する額 \times 0.5} \times 100
$$

　分子のソルベンシー・マージンには、資本の部の合計、価格変動準備金、
危険準備金、一般貸倒引当金、有価証券評価損益、土地の含み損益、その他
が含まれる。これらは、異常リスクが発生した場合には、保険金支払いの財

図表6-8　ソルベンシー・マージン比率の基本構造

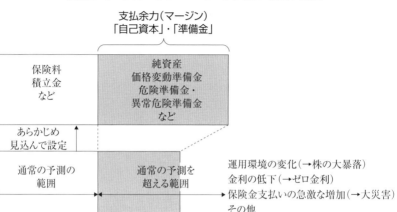

出所：金融庁資料

　源となりうるものである。他方、分母のリスク量は、①保険リスク（大災害の発生などにより、保険金支払いが急増するリスク）、②予定利率リスク（運用環境の悪化により、資産運用利回りが予定利率を下回るリスク）、③資産運用リスク（経済変動により資産価値が大幅に下落するリスク）、④経営管理リスク（業務運営上で通常の予想を超えて発生しうるリスク）、⑤最低保証利率リスク（変額保険、変額年金の保険金などの最低保証に関するリスク）などを計量する。これらのリスクを、一定の算式に基づいて計算して、リスク量の合計が算出される。

　つまり、ソルベンシー・マージン比率は、通常の予測を超えて発生する可能性としての事業リスクの合計に対して、ソルベンシー・マージン（支払余力）がどれぐらい保有されているかを示す指標となる。リスク量に対して、支払余力が大きいほど、ソルベンシー・マージン比率は大きくなる（実際には、分母に0.5が乗じられているので、比率としては２倍に表示される）。

　この数値は、監督当局（金融庁）による政策介入のトリガー（契機）とし

図表6-9　ソルベンシー・マージン比率規制の監督措置

区分	ソルベンシー・マージン比率の水準	監督措置の内容
非対象区分	200％以上	なし
第一区分	100％以上200％未満	経営の健全性を確保するための合理的と認められる改善計画の提出の求め及びその実行の命令
第二区分	0％以上100％未満	次の各号に掲げる保険金等の支払能力の充実に資する措置に係る命令 ・保険金等の支払能力の充実に係る合理的と認められる計画の提出及びその実行 ・配当の禁止又はその額の抑制 ・契約者配当又は社員に対する剰余金の分配の禁止又はその額の抑制 ・役員賞与の禁止又はその額の抑制その他の事業費の抑制 ・一部の方法による資産の運用の禁止又はその額の抑制 ・事業の縮小、等
第三区分	0％未満	期限を付した業務の全部又は一部の停止の命令

出所：金融庁資料

　て用いられる。行政上の取り扱いとしては、この数値が200％以上であれば、保険金などの支払能力があると判断されるが、これを下回った場合は金融庁が監督上の早期是正措置を講ずることになっている（図表6-9）。具体的には、200％未満になると、段階的に3つの区分に従って対応される。第一区分（同200％未満）では、経営改善計画の提出およびその実行命令が行われる。第二区分（同100％未満）では、自己資本充実に関わる計画の提出およびその実行、配当または役員賞与の禁止または抑制が行われる。また新規予定利率の引き下げ、子会社または海外現地法人の業務縮小などを命ずる。第三区分（同0％未満）では、業務の一部または全部の停止命令が下される。

（3）　ソルベンシー・マージン比率規制の意義と課題

　ソルベンシー・マージン比率による政府規制は、保険自由化という政策転

換に伴って導入されたものである。その導入には、次のような目的（意義）がある。第1に、保険自由化により、消費者自身に選択責任が負わされることになったため、ソルベンシー・マージンの数値が消費者選択の判断資料となることである。第2に、ソルベンシー・マージン比率を早期警戒措置として政策的に利用することである。そのことは破綻コストを抑えて、契約者負担を軽減することにつながる。第3に、客観的な数値を導入することで、政府介入の正当化を図ることができる。保険自由化以前は、個別裁量的な行政がなされてきた部分があったが、ソルベンシー・マージン比率規制の導入で、ルールに基づいて公正な行政が実施できるようになった。第4に、ソルベンシー・マージン比率によって、市場規律（market discipline）を通じた効率性改善が図られることである。数値が公表されることで、経営改善に向けた市場圧力が加わって自律的な経営を促すことが期待できる。最後に第5として、経営者責任を明確化させるという意義もある。ソルベンシー・マージン比率を通じて、経営者の成果を判断する指標とみることができ、また内部統制の促進にもつながる。

しかしながら、ソルベンシー・マージン比率は、その数値だけでは保険会社の財務健全性を判断できないことに注意すべきである。その理由は、次のようなことである。第1に、ソルベンシー・マージン比率は、現在時点での瞬間的なストック指標であり、それだけでは傾向的な財務状況を判断できない。財務状況が改善傾向にあるのか、悪化傾向にあるのかを判断するためには、ある程度の期間を捉えて傾向（トレンド）を把握することが重要である。

第2に、ソルベンシー・マージン比率が高いことが、必ずしも優良な保険会社を表しているわけではない。数値が異常に高いことは、むしろ資本効率が低いことを示している可能性がある。言い換えれば、契約者に十分に利益が還元されていない可能性がある。また契約者や投資家の立場からは、もう少しリスクをとって収益性を追求すべきであるという指摘がなされるかもしれない。

そして第3に、ソルベンシー・マージン比率の算出式は、事業特性が異なる会社を比較することはできない。例えば、保障性保険に特化した販売を行

う保険会社は、貯蓄性保険を含めた多くの保険種目を取り扱う保険会社よりも、ソルベンシー・マージン比率の数値が高く出やすい。また、生命保険会社より損害保険会社のほうが、一般的に数値が高くなる。つまりこれらは、事業特性の違いを反映しているものであり、経営の優劣を判断できない。

　このように、ソルベンシー・マージン比率は、保険会社どうしを比較するための指標というよりも、保険会社が独自の財務状態を客観的に把握することに意義がある。同時に、それを政府が規制手段として応用されているものと理解できる。

　しかし、2000年前後に生命保険会社の経営破綻が相次いだ際に、ソルベンシー・マージン比率が極端に悪くなかったにもかかわらず、短期間に経営破綻に陥った保険会社があったという事実を受けて、金融庁は、近年、リスクの評価方法をより厳格化させ、高い水準で財務健全性を維持するように規制を強化している。

6-6 ｜ 運用環境の変化と運用政策

（1）　高度経済成長期から安定経済成長期の運用政策

　戦後の保険業界は、高度経済成長に支えられて復興を遂げることができた。1975年頃までの高度経済成長期は、保険会社の資産運用においても、非常に順調な時期であった。上述したように、企業の資金需要が旺盛な中で、貸付金を中心に資産運用が行われた。当時の予定率が平均4％前後であったのに対して、貸付利息は8〜9％であったので、予定利率は十分に賄うことができた（図表6-10）。余剰資金は株式や社債に回されたが、株式簿価利回りが6〜8％、配当利回りも3〜5％であったことから、保険会社にとって運用政策に特別の注意を払う必要はなかった。保険会社は、長期的視点に立った資産運用を行っていた。

　その後、高度経済成長期から安定経済成長期に移行すると、資金需要の減退により、貸付利息は5〜7％に低下した。株式簿価利回りも2〜5％に下がり、また配当利回りも1〜2％に低下した。他方、保険会社が巨額の保有

図表6-10　生命保険（個人保険）の予定利率（標準利率）の推移

適用期間	予定利率（標準利率）
1946. 3〜1952. 2	3 %
1952. 3〜1976. 2	4 %
1976. 3〜1981. 3	5 %（20年超）、5.5%（20年以内）
1981. 4〜1985. 3	5 %（20年超）以上、5.5%（10年〜20年）、6 %（10年以内）
1985. 4〜1990. 3	5.5%（20年超）以上、6 %（10年〜20年）、6.25%（10年以内）
1990. 4〜1993. 3	5.5%（10年超）、5.75%（10年以内）
1993. 4〜1994. 3	4.75%
1994. 4〜1996. 3	3.75%
1996. 4〜1999. 3	2.75%
1999. 4〜2001. 3	2 %
2001. 4〜2013. 3	1.50%
2013. 4〜2017. 3	1 %
2017. 4〜2019.12	0.25%
2020. 1〜	0 %

注：1996年4月以降は、標準利率
出所：御田村卓司他編（1996）『生保商品の変遷』保険毎日新聞社その他資料から作成

　資産の含み益（キャピタルゲイン）を蓄積したとして「生保儲けすぎ論」が世間で指摘されると、その批判に応えて予定利率を5〜6.25%に引き上げた。また1985年から「特定金銭信託制度」が導入されると、投資顧問会社に運用を委託して、積極的に実現利益（インカムゲイン）を獲得して、契約者への利益還元を図ったのであった。

（2）　バブル経済崩壊からデフレ経済時代の運用政策

　ところが、この後に襲ってきたバブル経済崩壊により、運用環境は激変する。経済不況により資金需要は減退して、貸付利息は2〜3%にまで低下した。また、株式簿価利回りならびに配当利回りは1%程度にまで落ち込んだ。ここにきて、それ以前に契約を引き受けた保険から、予定利率を資産運用で

賄いきれない状態、すなわち逆ざや状態に陥っていった。保険会社は、逆ざ
や解消を図るために、予定利率を2.75％に下げ、また資産負債管理（ALM）
を強化したが、逆ざやは膨らみ続けた。保険会社は、保有する資産を処分し
ながら逆ざやを埋めていったが、それに耐えることのできなかった保険会社
が経営破綻に陥った。

　日本はさらに、バブル経済の崩壊からデフレ経済の時代に突入した。円高
と資産デフレの中で、保険会社の運用環境は厳しさを極めた。貸付利息が２％
を下回り、株式簿価利回りも１％に満たない状況下で、保険会社は予定利率
を1.5％にまで下げたにもかかわらず、逆ざやを解消するまでに10年以上を
要したのである。

　2008年９月に、アメリカでのサブプライム問題から発生したリーマン
ショックにより、世界的金融不況が発生した。日経平均株価が大きく下がり、
保険会社の保有資産は大きく縮小した。金融業界は深刻な経営危機に陥った
が、保険会社が受けた影響は比較的小さく抑えられた。その理由の１つには、
当時の保険業界では、「保険金不払い問題」の対応を優先し、積極的な資産
運用や保険販売を自粛していたこともあったと思われる。

（3）　低金利経済期の運用政策

　「失われた20年」を経験して、生命保険業界は、2013年にようやく逆ざや
を解消することができた。長期低金利時代の中で、保険会社は、予定利率を
低く設定する一方で、運用政策は安全性を優先して国債のウエイトを大きく
していった。しかし、国債依存を高めたことで、金利変動による金融リスク
を常に抱えることになった。低金利においては、保有する国債の価格は高く
維持できる半面、金利が上昇すると国債価格が下落し、資産価値を大きく棄
損する恐れがあることから、常に金利変動に敏感な資産運用をしなければな
らなくなった。

　2016年１月、日銀がマイナス金利政策を導入したことにより、低金利時代
が長期化する見通しとなった。保険業界にとっての運用環境は、ますます厳
しくなった。低金利環境が続くことから、標準利率は、2017年４月から0.25％

になり、2020年1月からは、とうとう0％にまで引き下げられた（図表6-10）。それに伴って保険料の引き上げが行われ、また一時払い終身保険などの貯蓄性保険の販売停止に踏み切る保険会社が出てきた。

　こうした厳しい運用環境の中で、保険会社にとって、一段と金融リスク管理が重要になっている。国内事情を考えると、ますます外国証券での運用に向かわざるを得ないが、ここでは為替リスクをどう管理するかが課題である。為替リスクは、国内の金融政策のみならず、諸外国の金融・経済政策やカントリーリスクなどに影響を受けるため、非常に不安定である。したがって、為替スワップやオプションなどヘッジのための金融技術を駆使しながら、適切な為替リスク管理が求められている。

　近年の保険会社は、これまでの株式や債券などの伝統的な資産運用ではなくて、ヘッジファンドやインフラ、不動産ファンドなどへのオルタナティブ投資（代替投資）や、環境、社会、統治に重点を置いたESG投資など、新しい投資方法を取り入れており、運用対象を広げる動きが活発化している。

6-7 ｜ 経営戦略の変遷と企業リスク管理

　現在、保険会社は、巨額の保険資産を保有し、金融リスクを適正に管理することが最も重要な経営課題となっているが、戦後の保険会社の成長過程を辿ると、経営戦略に変遷が見られる。戦後から高度経済成長期においては、「保有契約高拡大経営」を重視した戦略が取り入れられた。保有契約高を増やすためには、契約件数を増大させる必要があり、そのため販売促進の強化に尽力した。契約件数が増加すると、規模の経済性により経営効率が向上して、安定した保険経営が確保されることになった。

　1980年代に入ると、保有契約高が増大するにつれて、保険会社は膨大な保有資産を形成することになった。保険会社は金融機関としての地位を大きく向上させ、経営戦略も「総資産拡大経営」へ移行することになった。総資産を増大させると、必然的に金融収益が拡大することから、保険会社は、収入保険料が大きい貯蓄性保険を主力商品として販売促進に注力した。総資産の

拡大によって金融収益が保険収益を上回るようになり、次第に金融依存の経営体質に転向していった。

　そして1990年以降のデフレ経済下で、保険会社は、安定した資本を確保するために投資家に対する責任を重視するようになり、資本収益率を高めた。こうして、資本効率を重視する「資本収益率（Return on Equity: ROE）経営」が指向されるようになった。また、巨額の逆ざや（利差損）を抱えた保険会社は、適正にリスクをとりながら収益性を追求する必要が高まる一方で、金融リスク管理のあり方が重要な経営課題となった。

　2010年以降に、ようやく逆ざやの重荷から解放されると、保険会社は、企業が抱えるリスクを総合的に管理する「企業リスク管理（Enterprise Risk Management: ERM）経営」という新しい概念を重視するようになった。これは、統合的な経営リスク管理の手法であり、事業全体のリスクを把握して、健全性と効率性と収益性の最適バランスを実現しようという経営戦略である。

　図表6-11は、ERMの基本概念を示したものである。ERMは、資本（capital）とリスク（risk）と利益（return）のバランスを最適に実現させるというものである。すなわち、ソルベンシー・マージン比率は、資本とリスクの関係を捉えて健全性を測る指標であるが、企業経営にとっては、収益性を確保することも重要である。さらには、利益と資本との関係において、その利益の全てを投資家に還元するのではなく、利益の一定割合を健全性維持ための資本として留保しておくことも重要である。

　ソルベンシー・マージン規制は、監督官庁により健全性を規制するもので、契約者保護の観点からの意義は大きい。他方、ERMは、健全性だけでなく効率性や収益性とのバランスをいかに図るかが経営課題となる。図表6-11の恒等式で示されているように、投資家に対する利益還元（ROE）は、健全性と収益性の二律背反性の中で実現されるものである。したがって、保険会社は、どのような水準にROEを定めるのか、そのうえで健全性を維持しながらどこまで収益性を追求するかという、高度に戦略的な課題に直面することになる。

　保険会社がERM経営を目標と掲げることは、契約者のみならず投資家に

図表6-11　企業リスク管理（ERM）の基本概念

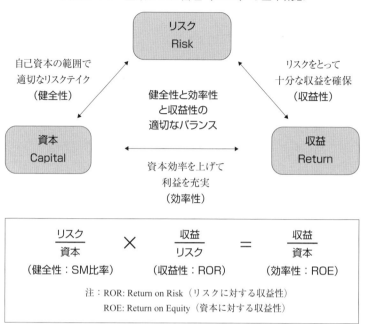

対する社会的責任でもある。しかし、あくまでも経営は自主裁量性に基づくべきものであり、どの程度のERMを実践するかは、保険会社自身に委ねられている。政府も、ERM経営を政策的観点から積極的に推奨しているが、あくまでも保険会社の自主的な判断によるべきものであり、その意味では、契約者保護を目的とするソルベンシー・マージン規制とは本質的に異なるものである。

自習用研究課題

1. 他の事業会社と比較したとき、保険会社の保有資産ならびに負債の特徴について説明しなさい。
2. 保険会社の資産運用原則の特徴と、資産運用をめぐっての近年の動向について考察しなさい。
3. 保険会社の財務健全性の指標として、ソルベンシー・マージン比率規制の意義と問題点について考察しなさい。
4. 保険会社にとっての企業リスク管理（ERM）の目的と意義について考察しなさい。

第7章
保険と経営

┌─〈本章のねらい〉─────────────────────────────
│
│　本章では、保険の経営に関する問題を取り上げる。伝統的に保険業界
│　は営業職員や代理店による募集体制が取られてきたが、近年、規制緩和
│　により販売チャネルが多様化している。ここでは、それぞれの販売チャ
│　ネルの現状を踏まえて新たな保険ビジネスモデルのあり方について考え
│　る。さらに、保険企業の経営形態について、株式会社と相互会社、共済
│　事業、少額短期保険業者の組織的特徴を見ながら、直面する課題につい
│　て考察する。
│
└──────────────────────────────────────

7-1 ｜ 保険事業の特性

　保険事業は、非常に多くの業務から成っているが、そのコアとなる事業領
域は、大きく4つに分けて捉えることができる。第1の事業領域は、保険製
造、すなわち、保険設計あるいは商品開発である。社会に存在する保険ニー
ズを捉えて、保険数理的に保険商品ができるかどうかを、保険統計を収集・
整備して検証する。会社組織の中では、開発部門と主計部門とが協力して商
品開発に携わる。前者は、社会に潜在する保険ニーズを捉えて、具体的な保
障内容を定めて保険約款を作成する。後者は、保険数理的に安定的に保険を
供給できるかを検証する。その業務を主に担うのがアクチュアリーと呼ばれ
る保険数理の専門職業人である。

　第2の事業領域は、保険販売である。保険会社内部で商品を設計するだけ

では、保険は完成しない。契約者（被保険者）の条件に照らして、保険料率や保障内容を設定しなければならない。保険料率や契約条件を定めて、保険契約を成立させる一連のプロセスをアンダーライティングというが、保険は、このアンダーライティングによって、保険商品として完成する。

　第3の事業領域は、保険契約の保全管理である。保険は、入口である保険契約（アンダーライティング）から、出口である保険金支払い（損害査定）までの継続的保障サービスである。　長期にわたって契約者との間で保障サービスを提供し、保険事故が発生した場合には、迅速な保険金支払いに努めなければならない。特に、損害査定は、保険コストを確定するものであると同時に、不正請求を排除し公正な保険取引を完結させる業務である。保全期間に、契約者とどのように信頼関係を構築するかは、保険会社にとって非常に重要である。そこでの有効な活動は、単に顧客満足（CS）を高めるだけでなく、顧客のニーズを発掘し新規契約の獲得にもつながるものである。

　第4の事業領域は、資産運用である。第6章でも取り上げたように、保険経営において金融機能はますます重要になっている。保険会社は、契約高の増加に伴って保有資産を増大させ、金融機関としての地位も向上した。同時に、保険会社にとって金融リスク管理が非常に重要な課題となっている。

　保険会社は、これらの事業領域を一体的に営んでいる。近年、保険製造と保険販売を切り離して保険販売を外注（アウトソーシング）する、いわゆる「製販分離」という新しい動きが見られる。銀行窓口販売や来店型保険ショップの台頭など、新しい販売チャネルが保険販売の一端を担っている。保険会社にとって、従来までの製販一体的な保険サービスの提供体制を作り直すことが課題となっている。

　また、巨大IT企業が急速に産業支配力を高めつつある中で、保険システムもICT（情報通信技術）をどのように取り込むかが大きな課題となっており、事業領域にも少なからぬ影響が及ぶものと予想されている。

7-2 保険募集とアンダーライティング

（1） 生命保険と営業職員体制

わが国に近代的保険制度が導入された明治初期、生命保険は各地の有力者に代理店を委託し、その信用力に頼って販売されていた。現在のように営業職員が主力販売チャネルとなったのは、大正末期以降である。経済発展が人口の都市流入や勤労者の増大という社会環境の変化をもたらし、代理店方式に限界が生じたことが要因の 1 つであった。

第 2 次世界大戦後、壊滅的打撃を受けた生命保険業界の立て直しに大きく貢献したのが、当時、戦争未亡人と呼ばれた女性の大量採用であった。一定の地域内の契約募集と保険料集金を兼務する担当制 (デビット制) が採用され、人海戦術的な販売活動を行うことで契約を増やしていった。

しかし、こうした営業職員の大量採用は、同時に大量脱落 (ターンオーバー) を招き、それに伴う深刻な消費者トラブルが発生した。そこで保険業界は、報酬体系の見直しとともに、1963年度から業界共通の試験を実施、1974年に業界共通教育制度を導入するなど、消費者の信頼回復を目指して、営業職員体制の整備を図った。

生命保険はニーズが顕在化しにくいため、営業職員による丁寧な販売活動が必要である。そのため、生保営業はしばしば「義理・人情・プレゼント (いわゆるGNP)」による顧客との関係を強みにしてきた。しかし、営業職員体制は、生命保険業界の高コスト体質の元凶とも言われていた。それは、多くの営業職員を採用しコストをかけて育成しても、定着率が低いために、常に営業職員を採用し続けるという悪循環が生じたことによる。そこで、上記のとおり報酬体系の見直しおよび営業職員の質的向上が重要な経営課題となったのである。

営業職員数の推移を見ると、ピークの1990年頃には45万人が在職していたが、その後、経済不況による経営立て直しが迫られ、営業職員数は減少している (図表 7 - 1)。この背景には、保険自由化以降の営業職員チャネルの体

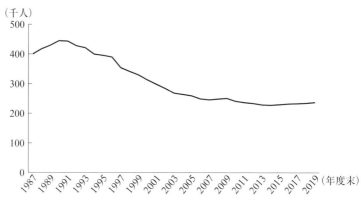

図表7-1　生命保険営業職員数の推移

出所：「生命保険の動向」各年度版より作成

制見直しが進められたことと、銀行窓口販売やダイレクト販売など新しい販売チャネルが台頭してきたことがある。

　保険募集システムの中では、営業職員は、媒介としての役割を担う。すなわち、保険会社と保険契約者との間で取り交わされる保険契約を円滑に行うために、保険勧誘のみならず、アドバイス、書類作成、契約保全など、さまざまな業務をこなしている。特に、保険契約が成立する前には、社医や嘱託医による医学的診査や生命保険面接士による面接など、アンダーライティングのための手続きも取り計らう。

（2）　損害保険と代理店体制

　損害保険は、モノやサービスに付保されることから、代理店方式が効率的な販売チャネルであった。人々は、モノやサービスを購入することで、付随的に保険を購入する場合が多い。車を買えば、自動車保険が必になり、家を買えば、火災保険が必要となる。代理店方式は、潜在的な保険契約者と接近する効率的手段と言える。

　損保代理店は、保険会社との間で委託契約を取り交わし、保険会社に代わって保険募集を行う存在である。両者は、建前的には対等な業務上のパートナー

シップ関係にある。保険契約者は代理店に対して申し込みを行い、代理店が承諾すれば、保険会社に代わって保険契約者との間で保険契約を締結することができる。さらに、保険料の領収、保険料領収書の発行・交付や、保険契約者からの事故通知の受け付け、保険会社への報告、などの業務を行う。

　損保代理店は、①専業（プロ）代理店か副業代理店か（代理店業を専業としているか否か）、②専属代理店か乗合代理店か（特定の保険会社と専属契約を結んでいるか否か）、に分けられる。この２つの組み合わせによって、図表7-2のように、（ⅰ）専業・専属代理店、（ⅱ）専業・乗合代理店、（ⅲ）副業・専属代理店、（ⅳ）副業・乗合代理店、の４種類に分けられて、それぞれに固有の特徴を有している。また、その比率は図表7-3のとおりである。

　（ⅰ）専業・専属代理店は、専属的な委託契約を結んだ保険会社の保険を扱うことから、保険会社との結びつきは非常に強い。保険会社の経営方針を最も忠実に実現することができる存在でもある。個人経営である場合が多い。これに対して、（ⅱ）専業・乗合代理店は、複数の保険会社の保険を取り扱

図表7-2　損保代理店の種別と特徴

	専属	乗合
専業	①プロ代理店 ②経営規模は比較的小さい ③個人経営が多い ④保険会社との関係が最も強い ⑤委託契約先の保険会社の保険を専属的に販売する	①プロ代理店 ②経営規模が大きい ③保険会社に対する独立性が高い ④保険商品の品揃えが豊富 ⑤専門性が高く、ブローカーに近い存在である
副業	①自動車修理工場、ガソリンスタンド、不動産業などを兼業 ②経営規模は比較的小さい ③保険知識が十分でないことが多く、保険商品の品揃えが乏しい ④顧客対応力が弱いので、保険会社のきめ細かい指導が重要	①自動車ディーラーが多い ②店舗数が多く、販売力がある ③最大の販売シェア ④保険会社間の委託競争が激しい ⑤本業に関連する保険商品のみを扱う

出所：筆者作成

図表7-3　代理店数の内訳（2019年度末）

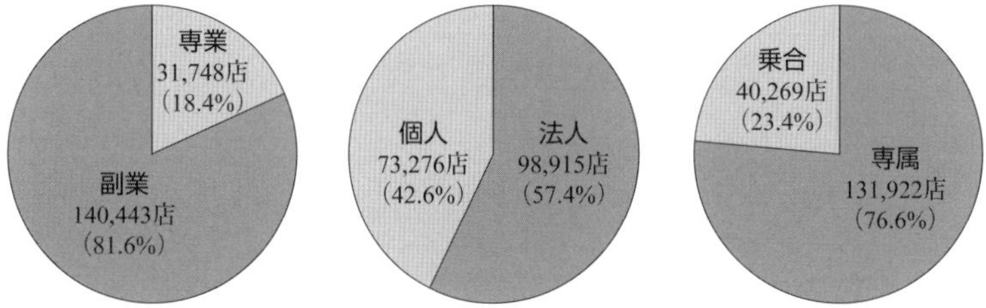

専業
31,748店
(18.4%)

副業
140,443店
(81.6%)

個人
73,276店
(42.6%)

法人
98,915店
(57.4%)

乗合
40,269店
(23.4%)

専属
131,922店
(76.6%)

出所：「日本の損害保険」2020年度版より

　うプロ代理店で、経営規模は比較的大きい。従業員を数名抱えて、手広く事業を行っており、保険会社に対する発言力も大きい。

　次に、（ⅲ）副業・専属代理店は、本業として修理工場やガソリンスタンド、不動産業などを営む傍ら、提携先の保険会社の保険を取り扱う代理店である。多くは、個人経営によることから販売体制は脆弱である。そのため、保険会社は、さまざまな形でサポートをする必要がある。そして、わが国で最もシェアが大きいのが、（ⅳ）副業・乗合代理店である。その多くを占めるのが自動車ディーラーである。全国に展開している自動車ディーラーは、車の販売に付随して、自動車保険を取り扱う。多くは、複数の保険会社の保険を取り扱っており、経営規模も大きい。保険会社の立場からすると、保険契約の販売成績に大きな影響を与える存在であり、競合他社との関係で、ディーラーとの関係の構築は最も神経を使う。

　これに対して、仲立人扱いは、保険仲立人（ブローカー）を通じて行われる募集形態である。保険仲立人は、保険契約者と保険会社との間に立って契約締結の媒介を行うもので、1996年の保険業法によって導入が認められた（図表7-4）。日本におけるブローカーは、企業分野では重要な役割を担っているが、個人分野ではアメリカと異なってほとんど見られない。保険仲立人扱い（元受保険料による）のシェア（2019年）は、0.7％にすぎない。保険仲立人は、本来、保険契約者の立場で、保険会社との契約交渉を担う存在で、手数料は保険契約者から受け取るべきものである。この点で、保険会社の販売

図表7-4　保険契約における仲立人扱い

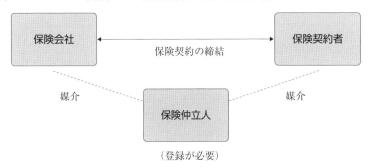

出所：「日本の損害保険」より

　委託を受け、保険会社から手数料を受け取る代理店とは性格が異なる。
　現在に至るまで、主力の販売チャネルとして大きな役割を担ってきた代理店方式であったが、いくつかの問題点も指摘されてきた。その1つは、販売チャネルの「二重構造」と言われる非効率性の問題である。これは、保険契約から保険金支払いまでの間で、いくつかの損害保険会社の社員と代理店とが協働して処理することから無駄な事務費が生じるものである。そのことが事業費の増大をもたらし、最終的には保険料の高騰につながる要因となった。
　そうした中で、保険自由化を契機に保険料率が自由化されると、保険会社は、代理店の経営効率を促すために代理店手数料を自由化し、また大規模な代理店の経営統合を進めた。その結果、1990年代初頭には50万店を超えていた代理店数は急速に減少し、現在は20万店を下回っている。さらに、ダイレクト保険が浸透する中で、代理店の存在意義と真価が問われる状況になっている。

（3）　ダイレクトチャネルと代理店チャネル

　ダイレクト型自動車保険は、1996年12月の日米保険協議の決着により、算定会料率使用義務の廃止とリスク細分型自動車保険の認可が決められ、翌年9月にアメリカンホーム社が日本市場に参入したことから始まった。同社は、

図表7-5　ダイレクトチャネルと代理店チャネルとの比較

ダイレクトチャネル		代理店チャネル
①手数料が不要 ②非正規社員の登用 ③リスク細分化システムの導入 　→安価	価格	顧客の保険料の15〜20％が代理店手数料 　→手数料の分だけ割高
①下調べ、予約、来店の時間が省ける 　→空いた時間に契約を結べる ②契約内容をネットで確認できるため、書類の保管が不要	簡易さ	①下調べ、予約、来店の時間が必要 　→契約のための時間確保が必要 ②契約書類の保管が必要
非対面のためきめ細かいアンダーライティングができない 　→より安全な層を保険対象に	顧客層	対面で細やかなアンダーライティングを行うため、さまざまなリスクを保有した顧客と保険契約が可能
①単品販売 　→特定の商品のみを販売 ②保険オプションが重複する恐れ	契約時	①トータルリスクコンサルティング 　→個々人のリスク、ニーズに合った保険商品を提案 ②重複なく保険を設定できる
通常、事故現場に担当者が駆けつけることはない	事故対応	営業担当者が現場に来て精神面のケアをする場合もある

出所：堀田一吉研究会（21期）（2016）「損害保険代理店の将来像」『保険研究』68集より引用

代理店を通さず電話で保険を申し込むため事務費が抑えられること、またリスク細分型保険により優良運転者の保険料を安く抑えられることを訴え、保険市場に新規参入してきた。

　保険自由化以前、算定会料率により保険料率が統一されてきた保険業界にとって、本格的な価格競争が導入されたことは大きなインパクトがあった。当初、既存保険会社は、価格競争に追従せず、むしろ人身傷害補償保険の新発売とサービスの充実で対抗しようとした。しかし、コスト競争が激しくなると、既存保険会社は、代理店体制の見直しや整理統合を進めざるを得なくなった。

　こうした中で代理店は、同業者だけでなく、ダイレクトチャネルを強力な競争相手として意識せざるを得なくなった。ダイレクトチャネルの強みは、加入に際しての簡便さと割安な保険料であるが、非対面であるために、きめ

細かいアンダーライティングが難しい点が弱点である（図表 7 - 5）。一方、代理店は、対面販売でのきめ細かいアドバイスやサービスの提供が可能であるが、保険料が割高になる。

　ダイレクト型自動車保険のシェアは、現在のところ、収入保険料ベースで10%弱にとどまっており、当初の予想ほどは普及していないが、着実に消費者の認知を得て定着しつつある。さらに、新規参入企業も増えていることに加えて、大手保険会社もグループにダイレクト保険会社を保有し、熾烈なシェア争いをしている。

　消費者の選択基準の中で価格の優先度が高まっており、代理店も生き残りをかけて経営改革を進めている。意識の高い代理店は、積極的なコンサルティングセールスを展開している。同時に、事故発生時の対応でも、契約者のサポートを行うなど、独自のサービス提供に努めている。

7-3 ｜ 販売チャネルと保険ビジネスモデル

（ 1 ）　販売チャネルの多様化と特徴

　保険の自由化により、営業職員や代理店以外のさまざまな販売チャネルが登場して多様化が進んでいる。消費者は、多様な販売チャネルから、自らの価値観やライフスタイルに合わせて自由に選択できるようになった。

　販売チャネルは、大きく対面販売と非対面販売に分かれる。対面販売は、契約者と直接面接して、さまざまな交渉の末に契約を行う販売方法である。これには、主力チャネルであるの営業職員・代理店のほかに、銀行窓口販売、店頭販売、ファイナンシャルプランナー（FP）、保険仲立人（ブローカー）、来店型保険ショップなどが存在している。

　これに対して非対面販売は、契約者と面接せずに通信ツールを使用して契約を行う販売方法で、近年、非常に多様なチャネルが登場している。新聞、雑誌、テレビ・ラジオなどの広告媒体やダイレクトメールなどを利用して保険商品を紹介し、資料請求があった消費者に対し書類を通じて契約手続きを行うものである。また、クレジット会社の顧客情報を利用して、電話で保険

を勧誘するテレマーケティングも利用されている。さらに、旅行傷害保険などでは、自動販売機やコンビニエンスストアで契約まで完了できるようになっている。また、近年関心を集めているのが、告知から契約締結までインターネット内で完結させる保険である。

　対面販売と非対面販売は、それぞれに固有の特徴を有している（図表7-6）。対面販売の特徴は直接契約者と交渉することであり、丁寧な商品説明やサービスを提供でき、契約者も十分に納得したうえで契約することがで

図表7-6　多様な販売チャネルと特徴

販売方式	販売チャネル	特徴
対面販売	・営業職員・代理店 ・銀行窓口販売 ・店頭販売 ・ファイナンシャルプランナー（FP） ・保険仲立人（ブローカー） ・来店型保険ショップ 　など	・サービス重視 ・豊富な種類の保険商品 ・加入手続きが少々煩雑 ・契約手続きのための時間的制約あり ・コンサルティング機能 ＜課題＞ ・販売コストがかさむ ・販売における人材育成 ・販売体制の非効率性
非対面販売 （ダイレクト販売）	・新聞・テレビ・ラジオ ・ダイレクトメール ・テレマーケティング ・インターネット ・電子メール ・自動販売機 ・コンビニ 　など	・価格重視 ・比較的シンプルな商品 ・加入手続きが容易・簡便 ・契約手続きのための時間的拘束なし ・書面による告知書提出 ・保険金支払い段階で審査強化 ＜課題＞ ・商品開発力 ・商品とチャネルとの親和性 ・顧客に対する説明責任の徹底

出所：筆者作成

きる。さらに、取り扱う保険商品も品揃えが豊富で、契約者は、保険相談や
コンサルティングを受けながら、自らのニーズに合った保険を選択しやすい。
半面で、加入手続きが少々煩雑となることや、決められた営業時間内で契約
手続きをしなければならないので、時間的制約があるなどの特徴もある。

　他方、非対面販売の特徴として、まず直接面接しないため販売コストが節
減でき、保険料を低めに抑えられる。また、加入手続きが簡便で負担が少な
いことや、契約手続きの際の時間的拘束がないことから、契約者は自らの生
活スタイルに合わせた加入行動をとれる。半面、契約者にとっては相談をし
にくく、最適な保険を選択するのが難しいという点は否めない。また、加入
手続きが容易である一方、保険金支払い段階で審査が強化される場合がある。

　直面する課題も、それぞれの販売チャネルによって異なる。対面販売は、
販売コストがかさむことに加えて、多様な保険商品を正しく消費者に伝える
ために、人材の育成に尽力しなければならない。さらには、全体として非効
率が生じやすいことも課題と言える。これに対して、非対面販売では、シン
プルな保険だけでは消費者ニーズに応えきれない可能性があり、商品開発力
が問われている。また、経営効率をより向上させるためには、商品と販売チャ
ネルとの親和性を追求しなければならない。そして、顧客に対する商品説明
をどのように徹底させるかも、重要な課題である。

（2）　銀行窓口販売と保険会社

　2001年4月、保険業法施行規則が改正され、銀行は、生命保険募集人、損
害保険募集人、保険仲立人、さらに少額短期保険業者として保険を販売でき
ることとなり、2007年12月に銀行窓口での保険販売が全面的に解禁された。
現在、ほとんど全ての保険を取り扱うことができるが、個人年金保険や終身
保険など銀行業務との親和性の高い貯蓄性生命保険を中心に、医療保険や火
災保険などが販売されている。その理由としては、①貯蓄性生命保険は、積
立定期預金など金融商品と類似しており、取り扱いやすいこと、②生命保険
のほうが損害保険よりも資産運用額が大きく、資産運用サービスにおける規
模の経済性が大きく働くこと、③生命保険は、総費用に占める初期販売費用

の割合が大きいので、銀行の支店網を使った保険販売による費用節減効果が大きいこと、④自動車保険では、保険事故の発生への処理対応が難しいこと、などが挙げられる。

　消費者の立場から見たとき、銀行窓口販売は、(i) 消費者がアクセスできる保険商品の選択肢や商品に関する情報が増えて、消費者利便の向上が期待できること、(ii) 販売システムの効率化が進めば、保険料の低廉化により消費者利益の増進につながり得ること、(iii) 消費者ニーズに適合する商品開発の促進につながり、保険市場の発展にも資すること、(iv) 保険会社においても、効率的なビジネスモデルの構築を促すこと、などの意義を認めることができる。

　しかしながら、銀行窓口販売への傾注は、保険会社の経営戦略上、いくつかの課題を抱えることになった。第1に、代理店として販売を委託している銀行は、手数料が入るため売ることに積極的だが、保険会社は大きなリスクを負うため慎重でなければならない。第2に、保険販売の最終責任は、保険会社にあることである。保険業法283条に明記されているように保険募集について契約者に与えた損害は、保険会社が賠償責任を負わなければならない。第3に、銀行チャネルと営業職員チャネルとの軋轢が生じやすいことである。商品と顧客対象の棲み分けにより併存させているが、主力の営業職員チャネルが弱体化する可能性がある。

（3）　ネット生保の特徴と課題

　2008年、保障プラン作成から申込まで一連の手続きをインターネットで完結できる保険が登場した。ネット保険は、募集コストを節減できることから、既存保険と比較して、大幅に保険料を安くできることが最大のメリットであるが、その他にも、①種類や特約が簡素である、②保険金額の上限が低い、③時間帯を気にせず加入できる、④情報提供とともに申込書と告知書がネット上で作成できる、などの特徴がある。

　現在取り扱われているのは、定期死亡保険、終身医療保険、就業不能保険、がん保険などに限られている。これらは、シンプルな保障内容で、アンダー

ライティングの際の手続きを簡素化したことに加えて、契約保全の負担が比較的小さいという特徴がある。

　ネット保険の最大の課題は、逆選択を排除するために契約者（被保険者）のリスク情報を正確に把握することである。対面販売と比較して、非対面による保険販売は、危険選択において制約が多い。契約者は、申込サイトでかなりの数の質問に順番に応えていく質問応答形式で回答する。ここでの質問に対して安易に回答すると、後に保険金請求が発生した際のトラブルに発展しかねない。契約者は、1つ1つの回答に最終的な責任を自ら負うことになるという認識が必要である。同時に、保険会社は、トラブルに発展させないように質問文作成に際して細心の工夫が必要である。また、契約者に誤解を生じさせないために、重要事項の説明について丁寧な対応が求められる。

　しかし、契約数の増加に伴って、契約保全に関わる事務費が上昇するのみならず、保険リスク管理が重要になる。同時に、責任準備金の増加により金融リスク管理にも注意を要することから、自ずと経営リスクは増大する。

　さらには、新たな保険商品の開発も課題である。ネット保険の制約により、商品開発の自由度は小さい。消費者ニーズを捉えた保険の開発が、事業の発展を支えるうえで肝心である。また契約者に安心を提供するために、アフターフォローの充実が求められる。

（4）　来店型保険ショップの台頭と課題

　近年、急速に台頭しているのが来店型保険ショップである。従来、生命保険では販売代理店の一社専属制がとられてきたが、1996年の保険業法改正によって乗合制が解禁され、複数社の保険商品を扱う乗合代理店として来店型保険ショップが登場した。駅前やショッピングモールの一角など便のよい場所に店舗を構え、通りがかりの人々が気軽に入りやすい雰囲気を作っている。顧客の契約状況を尋ねたうえで、複数の保険商品から、ふさわしい商品を推奨する。相談料は原則無料だが、一部有料もある。保険加入が低迷している中で、新たな販売チャネルとして確実に地位を築きつつある。

　これらが台頭してきた背景には、多種多様な保険商品が登場している昨今、

複数の保険を比較して、自分にあった保険を納得して加入したいという消費者の志向が強くなっていることがある。また、主として営業職員が自宅や職場を訪れて勧誘するのが主流であったが、近年の職場のセキュリティ強化に加え、単身世帯や共働き世帯が増加して戸別訪問による勧誘が難しくなったということもあろう。

ただし、保険会社各社の保障内容が異なるため、乗合代理店が商品を比較して適正にアドバイスすることは容易ではない。特に、大手保険会社の保険商品の多くが取り扱われていない中で、「最適な保険選択」がどう保証されるのかが問題である。また、乗合代理店の収入は、契約が成立したときに保険会社から受け取る販売手数料に拠っているが、顧客に商品を推奨する際に、手数料と関係なく消費者の立場になって中立を保ったアドバイスができるかが問われる。こうした問題の対策として、なぜその保険商品を勧めるのか、「推奨理由」を説明することが代理店に義務づけられている。

他方、保険会社にとっては、既存の営業職員体制を維持しながら、新しく登場してきた乗合代理店とどのように併存させていくか、来店型保険ショップとの親和性をいかに高めるかが戦略的課題である。他社の商品と厳しく比較される中で、保険料を含めて、消費者にとって魅力的な商品を提供するように、一段と激しい販売競争が展開されることになろう。もちろん、消費者にとっては好ましいと言える。

（5） 保険ビジネスモデルの再構築

新しい販売チャネルの台頭は、消費者にとっては商品選択の幅が拡がり、利便性の向上をもたらした。自らの価値観や生活スタイルに応じて販売チャネルを選択できるため、自分の意思で保険を選ぶという意識が高まることになった。

しかし、保険会社にとっては、多様化する販売チャネルをどのように活用しながら、経営戦略を策定するかという課題に直面することになった。生命保険会社ならば、伝統的な営業職員体制を維持しながら、銀行窓口販売や来店型保険ショップをどのように併用するかが課題となる。それぞれの販売

図表7-7　保険ビジネスモデルの三位一体

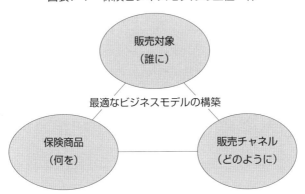

チャネルが補完的関係を築くことができれば有効だが、販売対象が重なり競合的であっては非効率である。

　同様に、代理店チャネルとダイレクトチャネルとを併用している損害保険会社は、戦略的矛盾を抱えている。すなわち、サービス重視の代理店チャネルと、価格重視のダイレクトチャネルを併存させながら、前者が価格を抑えるように向かいつつ、後者はサービスの充実を図ろうとしており、両者が同質化しようとしている。

　保険会社は、消費者のニーズを把握したうえで、販売チャネルや保険商品の開発を進めなければならない。そこでは、伝統的な販売チャネルの見直しと、新しい販売チャネルの取り入れ方を考慮しなければならない。2020年に発生した新型コロナウイルスにより社会システムが変革されようとしており、販売チャネル全体の活用方法にも大きな影響が及ぶものと思われる。

　保険の特性を考えると、全ての保険商品を、同じ販売チャネルで取り扱うことは合理的でない。上述のように、ダイレクトチャネルで全ての保険を取り扱うことは不合理である。

　図表7-7で示されているように、販売対象（誰に）、保険商品（何を）、販売チャネル（どのように）の3つは、いわば三位一体の関係である。新しい販売チャネルの登場により、これらの関係を見直して最適化を図り、新たな

ビジネスモデルを構築する必要が出てきたのである。現在の保険会社は、販売チャネル選択の最適化を模索する途上にあると言えるだろう。

7-4 | 保険企業の経営形態

　保険企業には、多種多様な企業形態が存在している（図表7-8）。保険業法では、保険会社の形態は株式会社か相互会社でなければならない。しかし、保険事業は、他の企業形態にも認められている。

（１）　ロイズ
　まず、保険企業は、個人か法人かで分けられる。個人業者としては、世界の再保険市場で大きな影響力を有するロイズ（Lloyd's of London）が代表的存在である（歴史的背景については第2章を参照）。このロイズは、固有のシステムを有している。ネーム（name）と呼ばれる個人のロイズメンバーが最終的なリスクテイカーであるが、個人ネームはシンジケートを構成し、このシンジケートが単位となって保険を引き受ける。シンジケートを代理し、保険取引に関わる業務を代行するのがロイズアンダーライター（Lloyd's underwriter）である。他方、保険を必要とする企業は、ロイズブローカー（Lloyd's broker）と呼ばれる業者に委託して、ロイズアンダーライターとの間で条件交渉を行い、両者の条件が合えば保険取引が成立する。

図表7-8　保険企業の種類

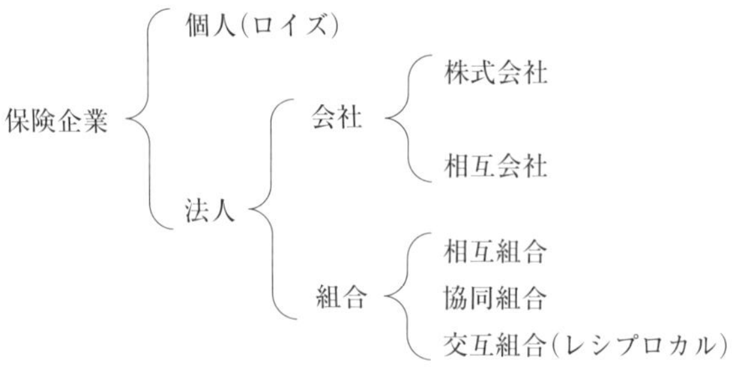

　ロイズの最大の特徴は、保険金支払いに上限を定めない無限責任で保険を引き受けることであり、個人ネームは「カフスボタンの最後の1つまで」と言われるほど徹底した補償を行うことで、絶大な信用を築いてきた。そしてシンジケートの柔軟な構成により、「ロイズに引き受けられないリスクはない」と言われるまでに、多様なリスクを引き受けている。

　なお、1980年代後半の経営危機に伴う改革の中で、ロイズは1992年から有限責任の法人会員が認められることになり、現在では完全な個人業者の集まりではない。

（2）　株式会社と相互会社

　次に法人は、会社形態と組合形態に分けられる。会社形態には、株式会社と相互会社がある。株式会社は会社法に基づいて設立され、構成員である株主の利益を目的とした営利法人である一方、相互会社は保険業法によって保険業を営む場合に限って認められている経営形態である。

　株式会社と相互会社の性格を比較すると、次のとおりである（図表7-9）。具体的には、①設立法規は、株式会社が会社法であるのに対して、相互会社は保険業法である。株式会社が株主の利益を目的とした営利法人であるのに

図表7-9　株式会社と相互会社の比較

	株式会社	相互会社
設立法規	会社法	保険業法
会社の法的性質	営利法人	中間法人（営利法人でもなく公益法人でもない）（相互組織）
所有者	株主	保険契約者である社員
保険会社と契約者との関係	保険関係	保険契約では保険関係 同時に、会社とは社員関係
事業資金	株主資本	基金
意思決定機関	株主総会	社員総代会または社員総会
利益の帰属	株主	社員
会社債務の責任	株式の引受額が限度	すでに払い込んだ保険料額が限度
保険料算定	保険者による責任	実費主義

対して、相互会社は営利法人でも公益法人でもない中間法人である。②会社の所有者は、株式会社では株主であるのに対して、相互会社では保険契約者たる社員である。契約者は、社員としての法的な権利および義務を有する。③事業資金は、株式会社においては株主が出資する資本金であるが、相互会社では基金拠出者が拠出する基金である。④会社の最高意思決定機関は、株式会社では株主総会であるのに対し、相互会社では社員総会あるいはこれに代わる社員総代会である。⑤利益の帰属先は、株式会社では株主であるが、相互会社では社員である保険契約者である。

（3）　相互組合・協同組合・交互組合

　法人における組合形態には、相互組合、協同組合、交互組合の3種類がある。相互組合としては、日本船主相互保険組合（Japan P&I Club）がこれにあたる。この保険組合は、船主の責任や費用を塡補する目的で設立された非営利の相互扶助保険組織である。船舶の所有者もしくは賃借人または用船者その他その運航に携わる者の当該船舶の運航に伴って生ずる自己の費用および責任に関する相互保険たる損害保険事業を行う。

　協同組合は、職域または地域を同じくする者が多数集まり、民主的運営を通じて自衛手段として営む非営利の相互扶助組織である。この協同組合が運営する保険事業が共済である。主なものとして、全国共済農業協同組合連合会（JA共済連）のJA共済、全国労働者共済生活協同組合連合会（全労済）のこくみん共済、全国生活協同組合連合会（全国共済連）の都道府県民共済、日本生活協同組合連合会（日本生協連）のCO・OP共済などがある。

　交互組合（レシプロカル）は、アメリカに存在する独特な企業形態である。組合員は、被保険者として他の会員からの保険保護が得られると同時に、保険者として他の危険を担保する。つまり、組合員は、保険者であると同時に被保険者である。レシプロカルの資産は、個々の会員の資産であるが、会員間の連帯責任関係は存在しない。近年、新しい金融技術の発展を受けて登場してきたP2P（Peer to Peer）保険は、原理的にはこのレシプロカルと類似しており、多くの注目が集まっている。

7-5 | 相互会社の現代的課題

（1）　相互会社の設立

　日本において最初の相互会社は、1902年に設立された第一生命である。創立者の矢野恒太は、明治初期に官吏としてドイツに留学し、そこでアドルフ・ワーグナー（Adolf Wagner）の保険理論を学んで帰国した。そして、理想的な保険制度の設立に注力した。矢野が相互会社を理想とした理由は、①保険経営の安定性を確保し、高料高配を指向すること、つまり、無用な保険料引き下げ競争は行わないこと、②契約者に対する利益還元を最優先とすること（＝実費主義）、③中流階級に対象を絞ることで、販売組織を工夫して低コストの運営をめざすこと、④一人一票制など契約者自治・経営参加が推進できること（＝社員自治）、であった。

　第 2 次大戦で壊滅的な打撃をこうむった保険会社は、GHQによる経済民主化政策に従って業界再生を図った。その際に、生命保険会社が相互会社形態を選択した根拠としては、①生命保険業の相互扶助性を活かした経営形態が一般に受け入れられやすいこと、②生命保険は、投資家の立場から、人の生死は投資対象としては魅力的でないこと、③長期性の生命保険では、外部から資金を調達しなくても自然に資金が累積すること、などが挙げられよう。

　一方、損害保険会社が株式会社形態である理由としては、（i）保険は、商業上のリスク処理を目的として生成してきたので、元来、営利を建て前とした経済取引であること、（ii）巨大リスクの発生により、一時的に外部からの資金調達を必要とする可能性があること、などによるものと考えられる。

　わが国では、戦後、一部の例外を除いてほとんどの生命保険会社が相互会社形態をとってきたのに対して、損害保険会社は、逆にほとんどが株式会社形態であった。しかし、バブル経済の崩壊に伴って経営破綻に陥る保険会社が出ると、保険業界では、生き残りをかけた業界再編や組織変更の動きが始まった（詳細は第 8 章を参照）。

（2）　株式会社化の功罪

　1996年の保険業法制定により、相互会社から株式会社への組織変更が認められることになった。1999年に中堅生保の大同生命と太陽生命が業務提携を発表した後、2002年にT&Dホールディングスが誕生し、国内生保として初めての株式会社化が実現した。

　株式会社化、すなわち脱相互会社化（demutualization）は、2つのタイプに分けられる。1つは、破綻回避型の株式会社化である。株式会社化することで、外部の資本注入を容易にし、経営の立て直しを図ることができる。経営破綻を避けるための緊急避難的な手段と言える。もう1つのタイプは、事業展開型の株式会社化である。株式会社化することで、他企業との資本提携を容易にして、新規事業への積極的展開を図ることができる。

　株式会社化のメリットとしては、①資本市場へのアクセスや資本調達方法が多様になること、②企業組織が弾力的となり事業展開が活性化することで、業務多角化などの自由度が増すこと、③内部留保を厚くし自己資本を充実させることで、経営安定性が増すこと、④ストックオプションなどの活用によって、役員や従業員へのインセンティブが高められること、などがある。

　他方、株式会社化を行うにあたっては、組織変更に対する多数の契約者からの同意を得ることや、法手続きをはじめ膨大なコストを要すること、さらには新規株式の割り当てルールの策定など、多くの労力や資金を費やさなければならない。

　しかし、2010年に、大手の第一生命が株式会社に転換したことは、保険業界に大きな衝撃を与えた。この要因としては、人口減少社会の到来など国内の生命保険市場の将来課題を見据え、積極的な海外展開を行ううえで、株式会社のほうが環境変化に対応しやすいと、同社が判断したことによると思われる。

　新しい事業領域への進出は大きな経営判断であるが、問題は、相互会社の形態ではそうした事業リスクを社員である契約者が負うことになる。しかし、契約者の多くからは、そうした事業リスクを抱えることに対する理解が得られにくいだろう。契約者は、保障を求めて保険に加入するのであって、新た

な事業リスクをとって進出することにはおそらく関心がないからである。

　その点において、株式会社では、株主が事業リスクのリスクテイカーの立場を担う。株主は、事業リスクをとることの見返りとして、利益の配分を要求するのである。したがって、新たな事業展開を行ううえでは、株式会社のほうが正当性は高いと言えるだろう。

（3）　相互会社の経営課題

　契約者の立場から見ると、株式会社が株主と契約者と保険会社の 3 者で利益配分するのに対して、相互会社は契約者と保険会社の 2 者で利益配分されることから、利益水準が同等であるとすれば、相互会社のほうが契約者にとっては有利である。つまり、相互会社は、株式会社以上に契約者利益を優先した経営が求められる。

　相互会社の経営課題は、次の諸点である。第 1 に、株式会社組織との差異をいかに示すかである。一般の契約者にとって、株式会社か相互会社かといった経営形態を意識することはないだろう。しかし、相互会社組織を維持する以上、その根拠を常に説明する義務はある。そして、株式会社と異なる経営理念をどう発揮するかが重要である。

　第 2 に、企業統治（コーポレートガバナンス）の実効性についてである。相互会社組織の特徴は、最高意思決定機関としての総代会の存在である。図表 7-10 は、相互会社の組織図である。契約者代表である社員総代は、総代候補者選考委員会において審議される。ここでは、契約者全体の性別、年齢、地域、職業などの属性を考慮して、契約者の意思が反映されるよう選考される。ただし、株式会社のように経営陣と株主が対立するような緊張した場面は、相互会社では起こりにくいために、いかに形骸化を避けるかという問題がある。これへの対処として、一部の相互会社では総代の立候補制を採用している。

　第 3 に、利益配分問題である。相互会社であることから、契約者利益を重視する必要があるが、同時に、経営健全性とのバランス・調整が必要である。経営健全性を確保するために基金を積み増すことは、一時的に契約者への利

図表7-10　生命保険相互会社の組織図

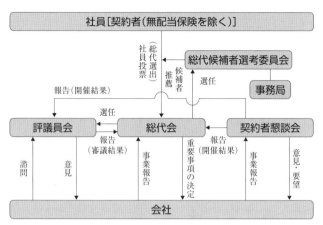

出所：生命保険会社ディスクロージャー資料より

益還元を犠牲にすることになる。契約者は時間とともに入れ替わっており、定常ではない。したがって、いつどのように利益を還元するかによって契約者間に不公平が生じることから、あらかじめルールを策定しておくことが求められる。

　第4に、事業拡大とリスク負担の問題である。上述したように、事業拡大に伴うリスクは、株式会社では株主が負うのに対して、相互会社では契約者が負うことになる。契約者にとって、事業拡大によって利益が増大し、適正に還元されるのであれば、期待すべきことである。しかし、あえてリスクをとって事業拡大に失敗した場合に、そうした損失を契約者が負わされることは想定していないであろう。契約者は、第一義的には確実な保障を提供してもらいたいのであって、事業を拡大して保険会社が成長することは、本来の加入目的ではない。したがって、株式会社と比べて相互会社は、リスク負担のあり方についてより慎重でなければならない。

7-6 ｜ 共済事業と少額短期保険業者

（1）　共済事業の特徴と課題

　共済事業とは、協同組合が行う事業の 1 つであり、人々の生活に関わるさまざまな経済的損害（危険）に対して、相互扶助の精神のもとで、組合員どうしがお金を出し合い、保険の仕組みを使って保障を行う事業である。

　第 2 次大戦以前から、各種協同組合が自ら保険事業を営むことを求めてきたが、戦後になって、各種の協同組合法の中で多くの共済事業が認められた（例えば、農業協同組合法（1947）、消費生活協同組合法（1948）、中小企業等協同組合法（1949）など）。

　協同組合は、生活の改善を願う人々が自主的に集まって事業を行い、その事業の利用を中心にしながら、自らの手で生活改善のためのさまざまな活動を進めていく、営利を目的としない組織である。各協同組合は、別々の根拠法に基づいて共済事業を運営している（図表 7 -11）。

　協同組合に加入するためには、それぞれの団体の条件に応じて出資金を拠出すれば、組合員になることができる。組合員は事業を利用できるとともに、運営にも自分の意見を反映させることができる。協同組合の事業は、購買・福祉・医療・住宅・信用・共済など暮らしのあらゆる分野に及んでいる。民間保険よりも比較的割安な掛け金で、しかも簡単な手続きで保障が得られるということで、近年、関心が集まっている。

　共済には、①地域、職域など特定集団に限定していること（出資者と利用者が同一）、②保険会社で禁止されている生損保兼営が認められていること、③組合員一人一票原則による民主主義的組織であること、などの特徴がある。さらに、JA 共済を除く共済では、④無審査・無面接加入・銀行振込、⑤年齢・性別にかかわらず一律、⑥募集組織を持たない、などの特徴がある。共済として最大の事業規模を有する JA 共済は、民間保険と同様の保障を提供しており、募集活動も、全国の農協（JA）が担っている。

　近代的保険は、個人主義、私有財産、自己責任を基本理念とする資本主義

図表7-11　根拠法による共済の区分

		根拠法	所管省庁		主な共済団体
特別法によらない共済	協同組合法による共済	農業協同組合法	農林水産省		農業協同組合、JA共済連
		水産業協同組合法	農林水産省・水産庁		漁業協同組合、JF共水連
		消費生活協同組合法	厚生労働省	地域	全労済、全国生協連（県民共済生協）コープ共済連、生協全共連（県市民共済生協）
				職域	大学生協共済連、全国電力生協連、全国酒販生協、全国たばこ販売生協、日本塩業生協、都市生協、全国町村職員生協、警察職員生協、防衛省生協、全日本消防人共済会、全国交運共済生協、JP共済生協、電通共済生協、全水道共済生協、自治労共済生協、森林労連共済生協、教職員共済生協、全日本たばこ産業労働者共済生協、全国郵便局長生協
				地域・職域	日本再共済連
		中小企業等協同組合法	中小企業庁・金融庁		火災共済協同組合、日火連
			経済産業省・中小企業庁		中小企業共済共同組合、中小企業共済 自動車共済協同組合、全自共
			国土交通省		トラック交通共済協同組合、交協連
			農林水産省		全国米穀販売事業共済協同組合、全米販 日本食品衛生共済協同組合
	上記以外	中小企業団体の組織に関する法律	経済産業省		商工組合
		PTA・青少年教育団体共済法	文部科学省		PTA、子ども会
		地方自治法（相互救済事業）	総務省		（財）都道府県会館、（社）全国私有物件災害共済会 （財）全国自治協会、（社）全国公営住宅火災共済機構 （公財）特別区協議会
特別法による共済		農業災害補償法	農林水産省		農業共済組合、NOSAI全国
		漁業災害補償法	農林水産省・水産庁		漁業共済組合、全国漁業共済組合連合会
		漁船損害等補償法	農林水産省・水産庁		漁船保険組合、漁船保険中央会
		小規模企業共済法	経済産業省・中小企業庁		（独）中小企業基盤整備機構
		中小企業退職金共済法	厚生労働省		（独）勤労者退職金共済機構

注1：主な事例であり、すべての根拠法や共済団体を表示しているわけではない。
　2：上記以外に保険業法により保険業の免許などが不要とされる例として、地方公共団体や公益
　　　法人などが行う共済がある。
出所：日本共済協会「日本の共済事業ファクトブック」より一部修正

経済の進展とともに発展し、効率化と合理化を追求してきた。一方、共済は、同質な危険集団における相互扶助・自衛組織として発足し、本来事業の一環として、民間保険の路線とは一線を画しながら、独自の方針を実行してきた。しかし、著しく経済環境が変化する現代において、組織の安定と成長を目指しつつ事業規模の拡大を図る過程で、次第に組織の精神的連帯性は薄まり、当初の制度理念の貫徹が難しくなってきた。

　例えば、農業協同組合では、近年、農業就業人口が著しく減少する中で、組合員数が減少し組織の弱体化が深刻になりつつある。これを補い組織を拡大するために、員外利用者（組合員以外の加入者）を積極的に取り込もうと推進しているが、そのことは逆に制度理念を希薄化させ、存在意義を失いかねない。組織の脆弱化は、他の協同組合も同様の経営課題がある。

　共済事業が存在意義を維持し、民間保険との独自性を発揮するためには、資本の論理に誘引されることなく共済事業の基本理念（相互扶助の精神）を本業の中で具体化させる、すなわち「これこそが共済事業である」と示すことができるかが課題であろう。

（2）　少額短期保険業者の特徴と課題

　上で述べた制度共済は根拠法があり、それぞれに監督官庁も定まっている。他方、戦後長らく根拠法のない共済が多数存在して、少なからず消費者トラブルが生じていた。特に、保険会社が事業を保証していたことで、保険会社の信用にも関わる状況にあった。そこで、2005年の保険業法改正によって、根拠のない共済を少額短期保険業者として、保険の引き受けを行う業者は、特定・不特定にかかわらず、金融庁による規制監督下に置かれることになった。

　少額短期保険業者は、ミニ保険会社とも呼ばれ、次のような特徴がある（図表7-12）。第1に、金融庁の保険免許を取らずに、各地の財務局への登録で済む。保険期間は、生命保険は原則1年以内（損害保険2年以内）、保険金額は1,000万円以内であるなど、販売商品や事業規模が限定されている。第2に、最低資本金または最低基金は1,000万円とし、資本規制が緩和されて参入が

図表7-12　保険会社と少額短期保険業者

	保険会社	少額短期保険業者
監督官庁	金融庁	金融庁
事業免許	免許制	登録制
責任準備金制度	あり	あり
セーフティネット	保険契約者保護機構	供託金制度
商品規制	特になし	保険期間は、生命保険は1年以内、損害保険は2年以内
年間受取保険料制限	制限なし	50億円以下
保険金額上限	制限なし	損害保険1000万円 生命保険600万円 医療保険80万円
最低資本金（基金）	10億円	1000万円

容易である。第3に、保険契約者保護機構のようなセーフティネット制度が創設されておらず、代わりに、契約者保護の観点から1,000万円の供託金が求められている。

　少額短期保険業者は、大手生損保会社があまり手掛けていないニッチ市場の保険を取り扱っている。例えば、民間の地震保険の上乗せとして、地震被災の際の生活資金を支払う保険や、糖尿病患者でも加入できる医療保険、ペットの医療費用を補償するペット保険など、小規模ではあるが柔軟でユニークな保障を提供している。

　少額短期保険業者は、ベンチャー企業として潜在的保険市場の開拓を担う存在であると同時に、保険市場の活性化にも貢献している。ただし、経営基盤が脆弱であることから、いくつかの課題にも直面している。第1に、契約者保護の仕組みが十分にないことである。契約者は、常に破綻リスクを意識したうえで加入する必要がある。第2に、商品開発力ならびに販売力である。独自の販売チャネルを持たず、多くの場合は、インターネットか乗合代理店を通じて販売されるため、販売コストが経営の重荷になりやすい。第3に、商品開発にはシステム投資が不可欠であるが、それに要する資本力が弱いことである。第4に、経営規模が拡大することで経営安定化が図られる一方で、

大手の保険会社に買収されるリスクが大きくなる。

　ただし、事業規模が大きくなれば、少額短期保険業者は、一般の保険会社に組織変更し、さらなる発展を図ることができる。また異業種からの市場参入の可能性も考えられて、少額短期保険業者は、新たな挑戦を目指す存在として、今後の成長が期待されている。

自習用研究課題

1.　日本において、伝統的に営業職員チャネルや代理店チャネルが主力の販売チャネルとなってきた背景とその意義について考察しなさい。
2.　ダイレクト保険が台頭する中で、損保代理店の課題と展望について考察しなさい。
3.　銀行窓口販売や乗合代理店チャネルが登場してきた要因について、供給（保険会社）側と需要（消費者）側から考察しなさい。
4.　相互会社組織の特徴と現代的課題について考察しなさい。

第8章
保険と市場

―〈本章のねらい〉――――

　本章では、日本の保険市場の現状と課題を概観する。いまや世界で有数の地位を築いた日本の保険市場であるが、まず、その推移を辿ることでその発展要因を理解する。次に、保険市場の発展を支える重要な役割を担う再保険市場の現状ならびに課題を述べる。さらに、近年、急速に台頭してきた代替的リスク移転（ART）について、その構造的特徴を踏まえて、保険との関係における競合性と補完性について考える。最後に、保険自由化が市場構造にどのような変化をもたらしたかを見ておく。

8-1　世界の中の日本の保険市場

　世界の保険市場は、先進諸国を中心に大きな成長を見せている。図表8-1は、世界の生命保険ならびに損害保険の上位10か国であるが、米国が全世界の約30%を占めており、大きな影響力を有している。日本は、長らく米国に続く世界第2位の保険大国の地位を誇っていたが、近年は、中国の台頭によってその座を譲っている。欧州主要国は、伝統的に保険業の発展を支えた国々であり、現在も重要な地位を保っている。

　生命保険と損害保険を比較したとき、生命保険は国内志向（ドメスティック）性が高い。それは、生命保険が主として自国の人々を対象に提供されていることに加えて、社会保障や法制度、生命表、疾病構造など、固有の条件に基づいて保険が設計されていることにある。

図表8-1　世界の生命保険・損害保険の元受収入保険料（上位10か国、2018年[1]）

(百万ドル)

順位	国名	生命保険料	損害保険料[2]	合計保険料		
				金額	対前年増率 (%)	世界合計に 占める割合 (%)
1	米国[3, 4]	593,391	875,984	1,469,375	5.0	28.29
2	中国[4]	313,365	261,512	574,877	6.2	11.07
3	日本[4, 5]	334,243	106,405	440,648	3.8	8.49
4	イギリス[4]	235,501	101,009	336,510	5.2	6.48
5	フランス[4]	165,075	92,888	257,963	5.6	4.97
6	ドイツ[4]	96,439	145,046	241,485	6.3	4.65
7	韓国[5]	98,072	80,951	179,024	− 1.2	3.45
8	イタリア	125,341	44,933	170,273	6.9	3.28
9	カナダ[4, 6]	54,070	73,833	121,181	5.5	2.46
10	台湾	102,044	19,864	121,908	3.8	2.35

[1]再保険取引前。[2]傷害保険および健康保険を含む。[3]損害保険料には州基金を含む。生命保険料は正味収入保険料で団体年金保険料の推定値を含む。[4]推計値または暫定値。[5]2018年4月1日から2019年3月31日までの会計年度。[6]損害保険料は、再保険を含むグロス保険料。

出所：SOMPO未来研究所（訳）「インシュアランスファクトブック2020」（出典元はSwiss Re社、*sigma*、2019年第3号）

　これに対して損害保険は、海外との経済取引を行う企業活動に付随することが多いために、必然的に国際（グローバル）性が高い。ただし、日本の保険会社は、もっぱら海外進出を展開する日本企業に追従して、現地法人の保険を取り扱うことが特徴的である。したがって、日本企業が積極的に海外展開を行うことで、損害保険の契約高が増大するという構図になっている。さらに、巨大リスクや自然災害リスクなど、さまざまなリスクを引き受ける損害保険では、国際的な再保険市場が重要な役割を担っている。

　保険業を発展に導く条件としては、次のようにさまざまな要因が考えられる。第1に、保険市場の大きさは、国の経済規模に依存する。経済規模の指標であるGDPが大きい国は、経済活動が大きいことから保険需要は増大する。第2に、国民の所得水準にも依存する。国民の生活水準が高まることで、保

障ニーズが顕在化し、保険普及率は高くなる。第 3 に、中間所得層の割合が高いことも大きな条件である。経済格差の大きい国では、保険の必要性は低くなる。なぜなら、通常、富裕層は保険を必要としないし、逆に貧困層は保険に加入する経済的余裕がないからである。諸外国と比較して、日本の中間所得層の割合が高いことは、保険業発展に大きく寄与してきたと考えられる。第 4 に、国民性である。日本が保険大国となったのは、安定を志向する日本人の国民性があるという指摘がある。保険が国民生活に浸透するためには、保険教育も大きな役割を担っている。最後に、保険政策のあり方である。いずれの国においても、保険業発展のためにさまざまな政策的介入を行っている。初期段階では、政府は業界保護的な政策を行うが、日本でも第 2 次大戦後の護送船団行政により、保険業の発展を政策的に支援してきたと言える。

　しばしは、「保険の発展度は、一国の文化水準を図るバロメータである」と言われることがある。まさに保険の普及は、多くの経済要因が組み合わされた結果として実現されるのである。

8-2 ｜ 主力保険商品の変遷

（1）　生命保険商品の変遷

　第 2 次大戦前から戦後しばらくの間、わが国の生命保険の主力商品は養老保険であった。この養老保険は、一定期間、死亡保障に加えて満期保険金の受け取りを目的とした保険で、貯蓄性の高いものであった。ところが、1970年以降、基本保険金額の 5 倍、10倍、20倍といった高額な死亡保障を上乗せした定期付養老保険に主力商品が移った。この背景には、高度経済成長による高いインフレーション中で、遺族保障の実質価値を維持したいという人々の意識の高まりがあったと思われる。

　1985年に、高齢化社会の到来を受けて、公的年金における基礎年金制度が導入されると、老後保障に備えた終身保険や個人年金の販売が大きく伸び、さらに医療リスクの高まりを受けて医療保険に人々の保障ニーズは移り変わっていった（図表 8‐2 ）。

図表8-2　生命保険の新契約件数の推移

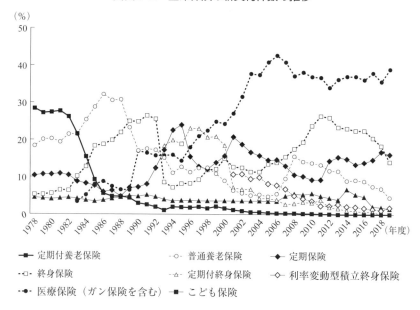

出所：生命保険協会「生命保険事業概況」各年版より作成

　その後、「死亡保障から生存保障へ」という流れは一層強まった。特に近年の傾向として、医療保険やがん保険などの第三分野保険が全保険種目のうち約40%のシェアを占めている。このように、生命保険の主力商品の傾向は、社会経済の状況や人々のニーズの変化を反映して、長期にわたり変遷を見せている。

（2）　損害保険商品の変遷

　一方、損害保険を見てみよう。1879年に日本で最初の海上保険会社が誕生して以来、海上保険が、損害保険業の中心であった。その後に火災保険が台頭し、第2次大戦前の損害保険業は、海上保険と火災保険が大部分を占めていた。戦後になって、損害保険の種目構成に大きな変化が生じた。その原因は、自動車保険の急成長である。図表8‐3で示されているように、1960年

図表8-3　損害保険の種目構成比の推移（正味収入保険料）

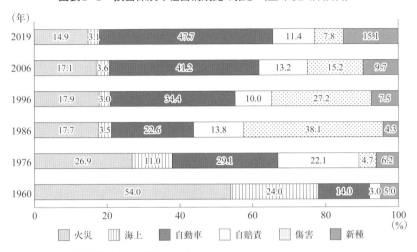

出所：「日本の損害保険」各年度版より作成

　当時は、火災保険が半分以上を占め、また海上保険が約４分の１であり、この２つの保険で全体の約８割を占めていた。

　ところが、1970年以降のモータリゼーションにより自動車保有台数が急増し、さらには1955年に創設された自賠責保険の影響もあって、自動車保険分野のシェアは急速に拡大をした。近年は、全体の収入保険料の約６割が自動車保険と自賠責保険で占められており、自動車保険は損害保険業界の主力商品となっている。対照的に、戦前から戦後まで長きにわたって業界を支えていた海上保険や火災保険のウエイトは、大幅に縮小している。この背景には、火災保険は、防火対策の充実に伴い火災件数が減少してきたことがある。同様に、海上保険も、経済成長の鈍化に伴い低調傾向を示している。

　1980年代には、金融ブームに乗じて積立傷害保険が人気を集めた時期があったが、その後の低金利時代の到来の中で徐々にシェアは低下していった。

　新たに、近年、顕著な成長を見せているのが新種保険分野である。サイバーリスクや生活リスクなどさまざまなリスクの台頭によって、賠償責任保険など新しい保険商品が開発されて、今後の成長が期待されている。

8-3 | 再保険市場の構造と課題

（1） 再保険の基本構造

　歴史的に、損害保険は、企業による商業取引に付随して保険契約が取り交わされたものである。わが国の企業が活発に海外進出する中で、保険会社も、企業の動向に合わせて海外取引を行うことになった。ただし、特徴的なのは、もっぱら海外に進出する日本企業の保険を専属的に引き受けたのであって、現地（ローカル）の保険を引き受けることはなかった。しかし、経済のグローバル化に合わせて保険取引が拡大し、それに合わせて再保険市場も拡大している。

　再保険とは、保険者が自己の負担する保険責任の一部または全部を他の保険会社に転嫁する保険形態をいう。そして、再保険に出すことを出再保険というのに対して、再保険を引き受けることを受再保険という。両者は、対称的な保険取引である。再保険契約の締結に際し、出再保険会社から受再保険会社に対して出再保険料が支払われる。

　損害保険会社が引き受けるリスクは、通常、均質的でも独立的でもないことが多く、また保険金額もさまざまで、その状態では保険経営の安定性に欠けてしまう。そこで保険会社は、自らの引き受けキャパシティ（余力）の範囲でリスクを保有して、それ以外を他の保険会社に再保険に出し（出再し）、また他の保険会社から再保険を引き受ける（受再する）ことで、リスクを分散化・平均化させようとする。再保険取引を通じて、保険経営の安定性を確保するのである。

　再保険の目的は、①保険事業の安定化、②異常損害に対する保障、③元受保険会社における引き受けキャパシティの増大、④元受保険の担保内容における柔軟性の拡大、⑤元受保険と再保険を一元的に管理すること、などを挙げることができる。

　再保険形態には多様なものがあるが、大きく分けると、（1）責任分担方法による分類と、（2）契約手続き方法による分類、の2つから成る。さら

に責任分担方法には、損害額と保険金額の関係において、割合（プロポーショナル）再保険と非割合（ノンプロポーショナル）再保険に分けられる。前者が責任分担額を割合で決める方式であるのに対して、後者は保険金の額をもとに再保険会社の責任分担額を決める方式である。

　他方、契約手続き方法には、任意再保険（Facultative Reinsurance）と特約再保険（Treaty Reinsurance）がある。任意再保険は、元受保険会社と再保険会社が個別に契約条件を定めて受再者に出再する再保険形態である。これに対して、特約再保険は、元受保険会社と再保険会社があらかじめ取引条件を定めて、約定した契約内容により引き受けられる再保険形態である。

　この特約には、多様な引き受け方式がある。例えば、超過保有額再保険特約（Surplus Treaty）とは、元受保険会社が引き受けた保険契約のうち、一定の保険金額を超える額を再保険とするものである。また、超過損害額担保特約（Excess of Loss Cover: ELCまたはXLと表記することもある）とは、対象とする契約のいずれかに損害が発生し、元受保険会社が被った一危険または一事故あたりの損害額の合計が一定額を超過したときに、その超過額を出再保険会社が再保険金として受け取るという形式である。さらに、ストップロス特約（Stop Loss Treaty）とは、出再保険会社の対象とする契約集団の一定期間における累計損害率が約定した限度を超えた場合に、その超過分を再保険金として受け取る形式である。

（2）　再保険市場の特徴

　再保険市場は、元受保険市場と比較して、いくつかの特徴を有している。まず、再保険市場は、規制が緩いという特徴がある。長い歴史の中で築き上げられてきた慣習に基づき、信義原則によって取引されている。国際的な取引が主となることから、原則として各国の規制には縛られない。そうしたことから、保険料率の決定は、当事者間の合意に基づいて自由に取り決められる。そして、一般の消費者は関わることがなく、市場参加者はプロ（保険会社・ブローカー）によって構成されている。したがって、厳しい自己責任の原則が徹底される。

図表8-4　再保険市場とアンダーライティングサイクル

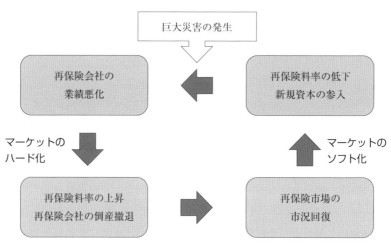

出所：筆者作成

　再保険市場には、「アンダーライティングサイクル」と呼ばれる循環的現象がしばしば観察されることも特徴的である（図表8-4）。これは、再保険市場が自由市場であることに要因がある。ある状況下で巨大災害が発生すると、巨額の保険金請求のために再保険会社の業績が悪化することになる。保険金支払いが困難に陥った再保険会社は、経営破綻あるいは市場撤退を余儀なくされることもありうる。再保険市場に残る会社も、保険料率を引き上げたり、保険引き受けを制限したりして、経営の立て直しを急ぐことになる。再保険の購入が困難になる状況を「マーケットのハード化」という。

　マーケットがハード化した後、時間の経過とともに再保険会社の経営の立て直しが進み、業績が回復する。そうした状況では、利益を目指して新規資本が市場に参入してくる。市場では、料率競争や引き受け競争など活発な競争が展開されるようになる。こうした保険購入が容易になる状況を「マーケットのソフト化」という。

　長期間を通じて、再保険市場は、マーケットのハード化とソフト化を繰り返すという現象が観測されている。こうした市場の変動は、各国の国内市場

にも大きな影響をもたらす。再保険市場の保険料率が上昇すると、国内の元受保険の保険料が引き上げられる。巨大災害による損害が海外で発生したものであっても、再保険市場を通じて各国の国内市場に影響が及ぶことになる。このように再保険市場は、巨大災害リスクを国際的に分散すると同時に、損害を国際的に共有するシステムなのである。

（3）　再保険と異常危険準備金

　再保険は、保険会社にとって主要な保険リスク管理手法であるが、このほかに、大規模な自然災害に備えて保険料収入から一定額を準備金として積み立てている。これを異常危険準備金という。保険会社は、大規模な災害が発生した場合にはこの準備金を取り崩して利益の減少を補うことで、保険経営の安定性を確保している。保険会社にとっては、再保険はリスク移転であるのに対して、異常危険準備金は内部留保すなわちリスク保有である。両者は保険リスク管理において相互補完の関係にあり、これらのバランスをどのようにとるかは、経営戦略的な重要課題である。

　再保険と異常危険準備金を比較したとき、再保険の長所は、①引き受けリスク量に対応した保険金額を設定できること、②再保険金として回収することにより、元受保険金支払いによる資金流出を軽減できること、③支払った再保険料は税務上損金算入できること、④大災害が複数回発生しても自動復元により回収することができること、などがある。他方、短所としては、（ⅰ）再保険市場の動向によっては再保険の入手が困難になったり、再保険料が高騰したりする場合があること、（ⅱ）再保険料を支払うことにより、保険資金の社外流出を伴うこと、（ⅲ）再保険会社の経営破綻などにより、再保険金を回収できない場合があること、を挙げることができる。

　これに対して、異常危険準備金の長所は、①繰り入れた異常危険準備金が内部留保されるので、保険資金の社外流出を回避できること、②それにより資産運用収益を期待できること、③資金残高が外的要因に影響を受けにくいこと、などがある。これに対する短所としては、（ⅰ）異常危険準備金の残高によっては十分な取り崩しができない場合があること、（ⅱ）必要な準備金残

高を積み立てるまでに相当の期間が必要になること、(iii) 税務上、準備金繰入額のうち損金算入できる限度があること、などがある。

　これ以外に、保険会社は、リスクファイナンス方法として、CATボンド（後述）を発行したり、自己資本を増強（増資）したりして、リスク引き受けキャパシティの確保を図っている。

（4）　再保険市場の課題

　現在、世界の再保険市場は、英国、欧州、米国が主要な拠点となっている。英国は、17世紀後半にロイズが繁栄を築いた保険市場の中心であり、マーケット規模は縮小傾向にあるものの、世界中の再保険会社がロンドンに支店を置いて取引を行っており、確固とした地位にある。次に、欧州は19世紀に入ってから再保険市場における主導的立場を誇っている。世界二大再保険会社であるミュンヘン再保険会社とスイス再保険会社の本拠地であり、この2社で全体の3分の1以上のシェアを有している。最後に、米国は、最大の経済大国となった19世紀後半以降、再保険市場においても大きな影響力を有している。海外市場でのプレゼンスが拡大する一方、主な取引項目では自国企業の割合が大きいことが特徴である。

　日本の再保険市場は、かつて多くの保険が国内の元受保険市場で処理されてきたため、経済規模に比してさほど大きくなかった。しかし近年、地震や台風など自然災害が多発する中で、日本にとっても再保険市場は重要な存在となっている。

　図表8－5と図表8－6は、受取再保険金と出再保険料ならびに支払再保険金と受再保険料の近年の傾向である。これを見てわかるように、受取再保険金のほうが支払再保険金より2倍以上も大きな規模になっている。つまり、日本は、国内で引き受けたリスクを再保険に出すほうが、海外のリスクを引き受けるよりもはるかに大きく、国内リスクは再保険に大きく依存している。実際に、企業物件の火災保険にかかる地震危険については、80％以上が国際再保険市場へ出再保険されている。

　こうした状況を踏まえて、課題としてまず指摘すべきことは、再保険市場

図表8-5　受取再保険金と出再保険料の推移

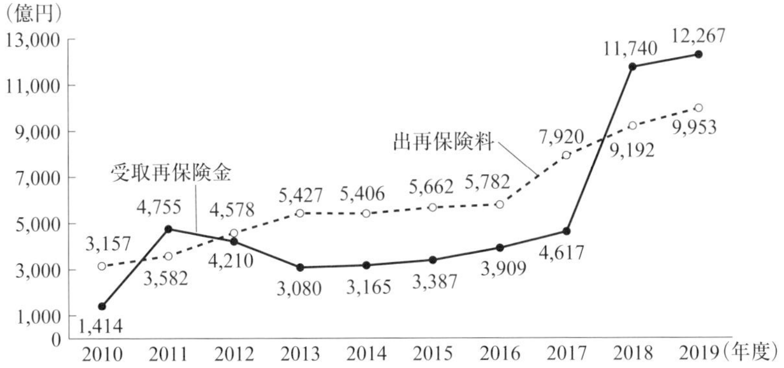

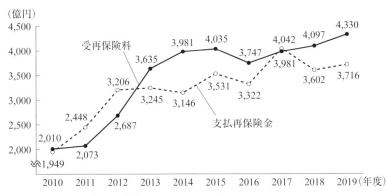

出所：「日本の損害保険」2020年度版より

図表8-6　支払再保険金と受再保険料の推移

出所：「日本の損害保険」2020年度版より

をさらに育成することである。現代リスクが巨大化・多様化するに連れて、再保険市場は今後一段と重要になるであろう。その中で、日本の果たすべき役割も相対的に大きくなると思われる。さらに、再保険市場がリスクを引き受けるためには、情報分析力と高度なリスク処理技術が求められよう。再保険会社は、リスクとともに情報が集積する重要拠点でもある。それらを効率的に処理して、保険システムを安定的に機能させる重要な役割が期待されて

いる。

　最後に、自由な取引が尊重されるべき再保険であるが、世界が再保険市場を通じて一体化する時代を迎えて、安定的な市場を維持するためにどのようなルールを共有するかが、各国の監督当局の検討課題となっている。

8-4 ｜ 代替的リスク移転（ART）と保険

（1）　キャプティブ保険会社

　再保険市場の成長とともに発展を遂げてきた損害保険であるが、近年、保険市場を代替する新しいリスクファイナンスの技術が登場し、大きな存在感を示している。

　リスクファイナンスは、リスク保有（risk retention）とリスク移転（risk transfer）から成っている。リスク保有とは、リスクを自ら引き受けるもので、その手段には伝統的手法と代替的リスク保有（alternative risk retention）がある。前者には、自家保険や準備金・剰余金、引当金などが当てはまる。企業の場合には、予想の範囲で発生する不測の事態に備えて、引当金や準備金を保有している。

　代替的リスク保有として最も注目すべきは、キャプティブ保険会社（captive insurer）である。多くのグループ会社を保有している世界的企業は、子会社ごとに保険を付けるよりも一元的に保険を管理したほうが、効率的であると同時に合理的である場合が多い。そこで、企業はキャプティブ（専属保険会社）を設立して、会社全体の保険を効率的に管理する方策を探ることになる。実際には、キャプティブに直接移転する場合と、図表8-7にあるように、代理店・ブローカーを経由して、いったん元受保険会社と元受保険契約を結んだ後に、自らのキャプティブに再保険契約という形をとって保険管理をする方法がある。キャプティブは、手元でリスク保有する部分を除いて、再び再保険（再々保険）を行う。

　キャプティブの機能としては、①通常の保険市場では入手困難なリスクについて、キャプティブを通じて引き受け可能なリスクに転換する、②再保険

図表8-7　キャプティブの基本的仕組み

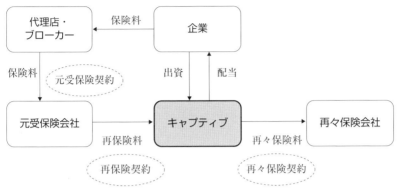

出所：筆者作成

取引を通じて効率的なリスク分散を図る、③全社的な保険設計プログラムの統一と一元的管理を行う、④保険料を管理運用することでキャッシュフローを改善する、などを挙げることができる。

　こうした世界的企業の多くは、キャプティブを活用してリスク管理のコストを削減すると同時に、保険会社との交渉を有利に行うことを目指している。またこのシステムによって、部分的に保険会社の機能を代替している部分も認められる。また、キャプティブの主要所在地は、バミューダやケイマン諸島など、いわゆる租税回避地（タックスヘイブン）に多く置かれていることも特徴的である。

　キャプティブの他にも、リスク保有団体（Risk Retention Group）やファイナイト（金融再保険）など、代替的なリスク保有手法が存在している。

　一方、伝統的なリスク移転手法である保険に対する代替的な機能を有する「代替的リスク移転（ART: alternative risk transfer）」のシステムが、急速に進展している。例えば、カタストロフィ保険先物、カタストロフィ保険オプション、マルチ・トリガー・プログラム、ストラクチャード・ファイナンス（仕組み金融）、などがあるが、とりわけ大きく成長しているのが保険リスクの証券化と保険デリバティブである。次項では、それらを見ていくことにする。

（2）　保険リスクの証券化

　伝統的に、リスク移転の手法は保険システムが担ってきた。再保険を含め、保険を通じてリスクは分散され共有されてきた。これに対して、保険市場と資本市場を融合させる新しいリスク移転技術が開発されている。

　1990年代の初め頃、自然災害などが続いた結果、再保険市場がハード化して再保険の入手が困難に陥った。そうした中、金融市場においてさまざまな証券化商品の開発が急速に進み、その流れはリスクの証券化という形で実現することになった。1994年に、ドイツの再保険会社が初めて保険リスクの証券化商品を発売した。続いて1999年に、地震リスクの証券化商品がシカゴ商品取引所（CBOT、現在のCME）に上場され、投資家の注目を浴びた。こうした大災害リスクをカバーする債券は、CATボンド（Catastrophe Bond）あるいは異常災害債券と呼ばれ、近年、再保険市場を代替する存在として市場が急拡大している。

　CATボンドの基本的なスキームは、図表8-8のとおりである。主なスポンサー（発行体）は、保険会社や再保険会社である。債券発行の仲介を担う

図表8-8　CATボンドの基本的仕組み

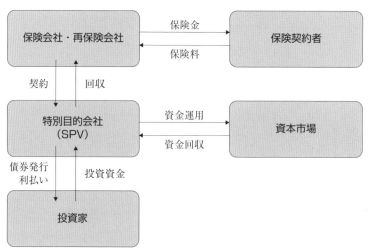

出所：筆者作成

のが特別目的会社（SPV: Special Purpose Vehicle）であり、このSPVが投資家に小口に分けられた証券を発行し、資金を預かる。集積された資金は、資本市場において安全資産で運用される。一定の期間に災害が発生しなければ、投資家には投資に対する利息が支払われる。しかし、災害が発生した場合には、SPVは直ちに資本市場から資金を回収し、保険会社に補償金が支払われ、最終的には保険金として契約者に支払われる。

　CATボンドは、一般に普通の債券よりも高い利率が設定されている。CATボンドは、ハリケーンや地震、竜巻などの自然災害やパンデミックなどを対象にしており、一般的な景気変動とは相関性が低いところで価格が決定されているので、投資家にとってはポートフォリオを分散させる効果を有している。しかし、損害がボンド発行時に定めた一定基準に達すると、投資家は元本の一部または全部と利息を失うリスクを負うことになる。近年の低金利の金融市場環境下で相対的な魅力を高めており、市場は活況を呈している。

　日本は、地震や台風など、大きな自然災害のリスクに晒されている。その中で、再保険市場だけではリスクの引き受けキャパシティを確保することは困難である。CATボンドは、再保険と比較して発行コストが高いが、保険金支払いの資金を迅速に確保する手段として有効であり、近年、保険会社は発行高を増加させている。今後も、CATボンドは、再保険を代替するというよりは、むしろ補完的役割を高めていくものと思われる。

（3）　保険デリバティブ

　CATボンドと並んで代替的リスク移転（ART）手法として活用されているのが、保険デリバティブである。これはインデックス保険とも呼ばれ、企業などの収益減少に関わる一定のインデックスを定めて、契約期間中のインデックス（指数）の推移に応じて所定の金額を支払う仕組みで、金融派生商品の一種である。最も利用されているのが天候デリバティブで、ここでは気温、風量、降水量、日照量など客観的に把握できるインデックス（指数）が用いられる。対象とするインデックスについて、あらかじめ設定されたトリガー（限界値）を超えた場合に、約定条件に応じて補償金が支払われる。そ

の他にも、地震補償対策として、地震マグニチュードをインデックスとした仕組みを導入している企業もある。

　保険デリバティブは、保険会社と企業との相対取引（OTC）で、当事者間の条件交渉の下で、企業から保険会社へリスク移転がなされる。これには取引市場が存在し、最終的なリスクテイカーが投資家であるCATボンドとは異なる仕組みである。

　保険デリバティブは、伝統的保険とは、いくつかの点で特徴的違いが見られる（図表8-9）。まず、補償方式において、保険では実際の損害額に応じて保険金が支払われるのに対して、保険デリバティブではあらかじめ決められた条件に応じて定型的あるいは定額的な補償が行われる。保険デリバティブでは、実際に損害が発生しているかどうかではなく、トリガーが引かれたかどうか、つまり支払い条件を満たしたかどうかで補償が発動される。例えば、地震デリバティブでは、一定の範囲内でマグニチュードM7が発生した場合に、決められた補償金が支払われる。保険において重要な損害査定はなく、迅速な支払いが行われることが大きなメリットである。半面、実際に被った損害額と補償額との間に乖離、すなわちベーシスリスクが生じやすい。つ

図表8-9　保険と保険デリバティブの比較

	保険	保険デリバティブ
目的と機能	損害填補	リスクヘッジ（損失回避）
補償方式	実損填補	定型補償・定額補償
商品特性	レディメード	オーダーメード
料率算定基礎	リスク（規模と確率）	指数（インデックス）の発生
支払い要件	損失の発生	トリガーの発生
損害査定の要否	損害査定の必要あり	損害査定の必要なし
支払いまでの時間	一定の時間を要する	迅速に処理される
ベーシスリスク	比較的小さい	大きくなる可能性あり
逆選択の可能性	あり	相対的に小さい
モラルハザードの可能性	あり	相対的に小さい

注：ベーシスリスクとは、実際の損害と補償金とのギャップ（乖離分）の大きさを示す
出所：筆者作成

まり保険デリバティブは、実損塡補を目的にするものではなく、異常事態の発生により収益が減少した場合に備えてリスクヘッジを行うものである。

　保険と比較した保険デリバティブの大きな利点は、逆選択あるいはモラルハザードが生じにくいことである。保険デリバティブが採用するインデックスは、契約者が恣意的に決めることができない。補償金が支払われるのは、客観的な事象によって発生したトリガーである。しかし別の言い方をすれば、実際に損害が発生していなくても、トリガーが発生すれば補償金は支払われる。仮にM7の地震が発生しても、それに備えて厳重な耐震対策を講じていれば、大きな損害を抑制できるかもしれない。この場合でも補償金は条件に応じて支払われることから、むしろ防災インセンティブは働きやすい。自らの防災努力によるメリットが大きくなれば、保険が危惧するモラルハザードについて、デリバティブでは相対的に小さく抑えられる可能性がある。同様に、採用されるインデックスが客観的な指数であることから、いわゆる「隠された情報」に基づく逆選択は発生しにくい（保険の場合には、個人だけが認識するリスクにより情報の非対称性が生じやすいからである）。

　近年では、このデリバティブの技術を用いたマイクロインシュアランス（小規模保険）が、開発途上国で浸透しつつある。これは、不十分な社会保障制度を補う目的で、低所得者向けに開発された保険のほかに、農村地帯における天候リスクに備えたインデックス保険などが提供されており、今後のさらなる普及が期待されている。

（4）　リスクファイナンスの相関性

　リスクファイナンスにはさまざまな種類があり、それぞれに特徴を有している。それらの相関性を把握するために、①損害補償（損害塡補）か定額補償（定型補償）か、②リスク移転（部分負担）かリスク保有（全部保有）か、の2つの基準で分類すると、図表8-10のようになる。

　まず、損害補償かつリスク移転の仕組みが、伝統的な保険である。保険は、実際の損害に対応して保険金が支払われる。その保険料はリスクに応じて算定されたものであり、発生した損害に対しては部分負担となる。それにより、

図表8-10　リスクファイナンス諸制度の相関

	損害補償 （損害塡補）	定額補償 （定型補償）
リスク移転 （部分負担）	保険 再保険	リスク証券化 保険デリバティブ インデックス保険
リスク保有 （全部保有）	自家保険 キャプティブ （ファイナイト）	コミットメントライン コンティンジェントデット コンティンジェントエクイティ

出所：筆者作成

リスクは契約者から保険会社に移転されることになる。

　同じく、部分負担によりリスク移転がなされる点で保険と共通しているが、補償が定額あるいは定型でなされるのが、リスク証券化やデリバティブである。保険との相違点は、実際の損害とは関係なく、あらかじめ定められた条件に基づいて補償金が支払われることである。

　次に、実際の損害に対応して補償金が支払われる点で保険と共通しているが、リスクが移転せず、リスクの全部を保有するのが、自家保険やキャプティブである。これらは、損害に対して最終的には全てを自分自身で負担することになる。ファイナイト（金融再保険）も、保険期間内の支払保険料総額と受取補償金総額を等しくなるように処理される仕組みであり、リスク保有の要素が強い。

　最後に、リスク保有かつ定額（定型）補償の仕組みと理解できるのが、コミットメントラインやコンティンジェントキャピタルなどの資金調達方法である。コミットメントラインとは、銀行との間であらかじめ期間・範囲で融資枠を設定し、請求に基づいて融資（間接金融）が行われるものである。コンティンジェントデットは、非常時（contingent）に債券を発行し、直接的な資金調達（直接金融）を行うものである。他方、コンティンジェントエクイティは、同じく非常時に株式（エクイティ）発行を通じて資本市場から資金調達をする仕組みである。いずれも、リスクは全て企業が負うことになる。

8-5 ｜ 保険自由化と市場構造の変化

　日本の保険市場は、第 2 次大戦後いわゆる「生保20社、損保20社」体制と呼ばれる極めて安定した市場構造が長く続いた。その理由は、護送船団行政の下で参入規制が敷かれていたためであり、参入する保険会社もない代わりに、退出する保険会社も存在しなかった。しかも、料率競争や商品競争も制限されていたことから、市場を大きく変化させる要因は存在しなかった。

　しかし、保険自由化の導入により市場構造は大きく変化することになった（保険自由化の経緯については、第 9 章を参照）。保険業法改正により、子会社方式による生損保相互参入が認められたことで、保険会社数は急増した。また、海外からの保険市場参入が相次いだことも、保険会社数の増加要因となった。

　図表 8 -11は、元受保険料で測った損害保険業の市場集中率の推移を示したものである。保険自由化以前の1990年前半までは、市場集中率に大きな変動は見られなかった。しかし、保険自由化以後は急速に市場集中率が上昇している。これは、損害保険業界において経営統合・合併が促され、業界再編が進んだことによる（詳細は次節を参照）。さらに、保険自由化により保険会社が新規参入したことで、少数の大規模保険会社と多数の小規模保険会社に二極化する傾向が顕著になってきた。

　損害保険業界においては、保険自由化による市場構造の変化は、業界内部の構造変化にも及んでいる。図表 8 -12は、損保代理店数と代理店 1 件あたりの平均代理店保険料の推移を見たものである。2000年以降、保険会社の統合・合併に伴って、代理店体制も統廃合が一気に進められた。代理店手数料も自由化されたことにより、代理店数が大きく減少する一方、平均代理店手数料は上昇している。つまり、代理店の大型化が進んでいることが推測される。

　さらに、保険自由化は収益構造にも影響を与えている。図表 8 -13は、保険自由化前後の自動車保険における損害率と事業費率の推移を見たものであ

図表8-11　損害保険業の市場集中率の推移（元受保険料による）

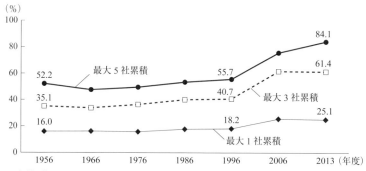

出所：「インシュアランス損害保険統計号」各年度版より作成

図表8-12　損保代理店数と代理店手数料の推移

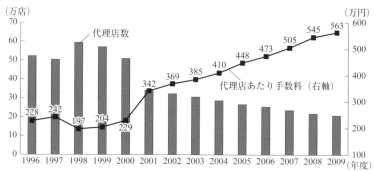

出所：「インシュアランス損害保険統計号」各年度版より作成

図表8-13　自動車保険における損害率および事業費率の推移

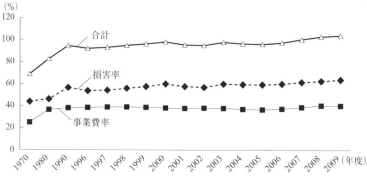

出所：「インシュアランス損害保険統計号」各年度版より作成

全体として上昇傾向にあることから、収益性が低下していることになる（数値が100を超えると収支がマイナスであることを示す）。

このように保険自由化は、市場競争を激化させ、保険会社の収益率を押し下げることになったと言える。

8-6 │ 保険自由化と業界再編成

保険自由化によって、損保業界では、それまでのカルテル料率が廃止されて、保険料率の自由化が取り入れられた。アメリカンホーム社をはじめとした外資系保険会社が、従来の代理店チャネルとは異なる新しい販売チャネルを武器に新規参入を行った。同社は、電話やダイレクトメールなどによる通信販売によって事業費を削減すると同時に、優良リスクをターゲットにしたリスク細分型保険を導入した。保険市場に料率競争が持ち込まれたのである。これに対して、国内保険会社は直ちにリスク細分型保険による料率競争には応じず、代理店手数料の自由化・弾力化に着手し、事業費の引き下げで対抗しようとした。

しかし、この措置による限界が明らかになると、ついに業界再編成へと向かう。こうして、いわゆる 6 大損保（東京海上日動、損保ジャパン、三井住友海上、日本興亜損保、あいおい損保、ニッセイ同和損保）が誕生した（図表 8 -14）。この第 1 次再編と呼ばれる合併・統合の目的は、規模の拡大を通じた経営効率の改善にあった。この結果、2001年から2006年の間に上場の損害保険会社は14社から 7 社へと半減した。

ところが、この業界再編は新たな再編への序章にすぎなかった。事業効率による競争では収まらず、大手保険会社は、多様な特約を取り入れて独自の補償を提供することで、実質的な料率競争に突入した。収益率の低下に加えて人口減少時代に突入し、国内市場は縮小することが予想された。保険会社は、国内市場から脱して海外展開を図ったが、海外展開には大きな資本が必要となる。これがさらなる業界再編の契機となり、第 2 次再編による三メガ損保グループ（東京海上ホールディングス、損保ジャパン（現SOMPO）ホールディ

図表8-14　損害保険業界の再編

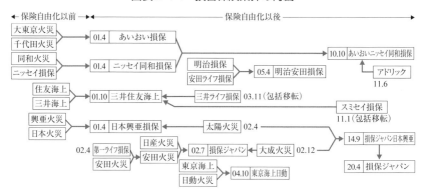

出所：「日本の損害保険」2020年度版より一部抜粋し加筆

ングス、MS＆ADホールディングス）が誕生した。

　この経営統合は、大規模な海外展開のための資本形成という意味を持っていた。すなわち、保険会社が個別に資本を蓄積し、その後に海外展開を図るという時間的猶予がなく、できるだけ早急に海外へ進出することを企図したものと解釈できる。換言すれば、資本形成のための時間を削減するために、経営統合による資本集約という手段を使ったのである。

　一方、2004年に大手生命保険会社の明治生命と安田生命が合併して明治安田生命が誕生し、生命保険業界でも構造改革が進んだ。その中で、第一生命が2010年に相互会社から株式会社に組織を転換したことは、業界に大きな衝撃を与えた。生命保険会社の株式会社化は、相互会社の意義をあらためて問い直すことにもなり、社員総代会の活性化など企業統治の見直しが進められる契機となった。

　以上の経緯は、保険自由化の圧力によって保険業界の構造改革が進み、その最終的な帰結として経営統合（M&A）が進められたと見ることができる。経営統合は、保険業界にとって大きな決断であった。

　経営統合のメリットとして、第1に、規模の拡大によるスケールメリットの享受により、平均事業費率を軽減し、利益率を引き上げることが挙げられ

る。特に、保険業界にとって、情報技術の発展に伴うデジタル化へのシステム投資は、将来に向けて巨額に及ぶと言われる。長期的にシステムコストを圧縮することで、平均コストの軽減を図ることになる。第 2 のメリットは、海外進出を含む新規事業への経営体力を増強できることである。経営統合に伴い利益を統合することで、資本効率を高めることが期待される。そして第 3 に、各社の強みを活かしたシナジー効果を引き出すことが挙げられる。それぞれの優位性を活かすことができれば、事業展開の幅を拡大することができる。

　これに対して、経営統合のデメリットは、①経営統合に伴う初期投資コスト、②経営統合による従業員のモチベーション低下（リストラの進行）、③異なる企業風土・企業文化から生じる摩擦や疲弊、④システム統合に伴う時間コストやリスクの増大、である。　経営統合によって投資家からの圧力は強まり、経営効率をいっそう推進する必要に迫られ、その動きが積極的な海外展開へ向けられている。

　経営統合は、資本を投入して、いわば自力による成長に要する時間を買い取るようなものである。したがって、いかに短期間で統合効果を引き出すことができるかが成功の鍵と言える。

自習用研究課題

1. 生命保険と損害保険において、第2次大戦後の主力保険種目は、どのように変遷してきたか。その経済的背景を踏まえて考察しなさい。
2. 保険事業にとって、再保険市場はどのような機能を有しているか。また、近年の再保険市場を取り巻く状況について考察しなさい。
3. 保険には、他のリスクファイナンス手法と比較してどのような特徴があるか。相対化させて、保険の特徴を明らかにしなさい。
4. 保険自由化以降に、業界再編成が活発に行われた背景（要因）について考察しなさい。

第9章
保険と政策

━〈本章のねらい〉━

　本章では、保険政策を論ずる。戦後保険業は、護送船団行政による競争制限的な規制が敷かれる中で、安定的成長を実現した。しかし、「保険自由化」という歴史的な政策転換は、保険市場に多大な影響を及ぼした。そこでまず、保険自由化に至るまでの経緯や要因、そして意義について考える。次に、保険自由化と同時に創設された保険セーフティネット（契約者保護機構）を取り上げて、その存在意義と課題を考察する。そして、保険自由化の下での保険規制と契約者保護のあり方を論ずる。最後に、保険政策論を踏まえて、「保険本質論（保険とは何か）」を論及する。

9-1 　戦後保険業の成長と護送船団行政

　わが国の保険行政は、1900年の保険業法制定が始まりである。このときに、初めて相互会社形態が認可され、その後300社を超えて多くの保険会社が設立された。しかし、その多くは経営基盤が脆弱であったり保険技術が未熟であったりしたために、経営破綻に陥る会社が続出した。そこで第2次大戦中の1939年には保険業法が改正されて大蔵省による監督権限が強化される一方で、1942年には「生命保険統制会」が設立されるなど、次第に、保険業界は戦時体制に組み込まれていった。

　敗戦により保険業界は壊滅状態に陥ったが、復興に向けて政府が主導的役

割を担った。戦後保険業に対する保険行政は、いわゆる「護送船団行政」という言葉に象徴される。すなわち、保険業界全体の進度を最も経営効率の劣る保険会社に合わせて調整して、全ての会社が存続可能な状態に保持すべく行政指導が行われた。戦後の保険事業の再建復興にあたっては、画一的な保険行政が推進された。特に損害保険業では、1948年に制定された料率算出団体法を受けて損害保険料率算定会（2002年に損害保険料率算出機構へ改編）が設立され、損害保険業の独占禁止法適用除外が明記された。また生命保険業においても、部分的な配当競争はあったものの、事実上カルテル体制にあった。

　再建復興に重要な役割を果たした護送船団行政であったが、同時に、二重の意味で保険市場に非効率を生じさせていた。1つは、経営効率の悪い限界的保険者の存続を可能としたことであり、もう1つは、効率的な保険会社に対して超過利潤（レント）を保証することになった。保険契約者の観点からすると、これらのコストを代償として、保険会社の破綻を回避することができたのであり、決して無償の保護を与えられていたわけではないことを、あらためて認識しなければならない。あわせて、料率競争が制限された結果、保険会社は、契約獲得競争あるいは非価格的サービス競争に集中して、無駄な経営コストを支出することにもなったのである。

　戦後保険業の発展の経緯を見ると、保険業の成長と保険行政は多くの部分で一体化していた。保険行政の特徴は、以下の3点に整理することができる。第1に、保険行政が、主として業界保護にウエイトを置いていたことである。免許事業としての保険業は、政府認可に基づいて事業を行わなければならない。したがって、保険会社は自ずと消費者よりも政府に向いた経営を志向することになる。政府も、消費者よりも業界との接触が多いために業界寄りの行政を実施することになり、結果的に業界保護的な政策に誘導されていった。

　第2に、政府と保険業界との調整役として、審議会が重要な役割を果たしてきたことである。保険審議会は、大蔵大臣（当時）の諮問機関として、保険制度および保険行政に関する重要事項について審議しその方向性を明示する目的で、1959年に創設された。保険業界は、審議会での議論の動向に最大

の関心を寄せる半面、審議会に働きかけて業界の意見も反映させていた。他方、独自の経営戦略を策定する必要がなかったために、経営者責任の意識は希薄になっていた。自由競争が否定されることで、市場の安定性が確保された半面で、保険会社の自律的経営は制限される。市場原理が軽視され、競争制限的規制を行うことにより、護送船団行政は保険会社の経営の自立性を喪失させ、政府規制がリスク志向的な行動を減退させるように働いた。

　第3に、徹底した認可行政に基づいて、保険料率、配当、商品開発などの面で画一政策が行われたことである。その結果、業界では横並び協調体制が出来上がっていく。仮に、ある保険会社が新しい保険商品を開発して認可申請をしたとしても、認可を下すまでの時間が長いため、その間に他社が容易に追随できた。結局、全社が同様な保険商品を取り扱うこととなった。したがって、新商品開発に対するモチベーションが起こりにくく、ひたすら販売シェア拡大だけに精力を傾けることになった。

　護送船団行政によって保証された保険市場の安定性は、一面で産業資金の安定供給という国家政策に大いに貢献してきた。このように、戦後の保険業界は、業界保護的な行政によって政府と一体的に順調な成長を見せたが、一方で次第に市場効率が低下し、内部に矛盾を抱えることになった。そして、保険システム改革の必要性が高まっていったのである。

9-2 ｜ 保険自由化と政策転換

（1）　保険自由化の背景

　1980年半ばの英米では、「間接金融から直接金融へ」という潮流の中で金融自由化が急速に進んでいた。わが国でも、その流れに追いつくべく、金融自由化の波が訪れ、保険業界でも保険自由化の機運が業界内外から高まった。しかし、保険自由化とバブル経済の後始末とが同時に進行したことで、保険業界の混乱は大きくなっていった。

　日本の保険事業は、非常にドメスティックな特徴を見せてきた。生命保険会社は、もっぱら国内市場のみで事業発展を遂げてきた。生命保険事業より

は国際的に活動してきた損害保険事業も、実態は海外に進出している日本企業のリスクを主として引き受けていたため、やはりドメスティックな色彩が強かった。

　他方で、金融業を通じて経済を活性化させるためには、保険市場がグローバルな競争力を備えるように発展させなければならない。資金は、有利な投資先を求めて国境を越えて円滑に自由に移動するため、製造業のような経済統制はできなくなる。そこで政府は、金融業を日本経済全体の新たな発展を牽引する基幹産業に据えることを政策目標としたのであった。

　こうした中で、保険業についても、グローバルな視点で発展を目指すために大胆な改革が必要とされた。保険自由化が進められた背景には、次のような要因があったと考えられる。

　第1に、護送船団行政の非効率に対する認識が高まっていた。戦後の保険業界を安定成長に導くうえで、護送船団行政がある程度の効果をあげてきたことは認めうる。しかしそこでは、高コストの保険市場を消費者が支える構造となっていたのである。保険市場に市場原理を導入することで、効率性を促すことが期待されたのである。

　第2に、保険市場の飽和による収益低下を受け、新たな事業領域への進出が求められていた。日本の保険市場は、成長段階から成熟段階に移行するに至り、新たな成長を図るうえで規制緩和が必要だったのである。保険自由化により、商品開発の自由度を高め、また新たな事業領域へと展開する可能性を見出そうとしていた。

　第3に、付加価値の高い金融保険サービスの提供により、金融機関としての地位向上を目指した。保険市場が成熟段階に至る一方で、保険会社は順調な成長を経て、多くの保険資産を築き、金融機関としての地位が高まった。そして、金融収益が保険収益をしのぐようになり、金融事業のウエイトを高めようという経営戦略のシフトが鮮明になってきた。1980年代半ば以降にアメリカとイギリスを中心に始まった金融ビッグバンは、保険業界にとっても大きな目標となり、保険自由化はその環境整備に不可欠であった。

　第4に、消費者ニーズの多様化と社会的要請があった。この間、消費者の

意識も大きく変わりつつあった。人々の価値観が多様化し、保険に対する認識も多様になってきた。特に、高齢社会の到来により、いわゆる「死亡保障ニーズから生存保障ニーズへ」という人々の意識変化が明らかになり、個人年金や医療保険への関心が高まっていた。保険自由化により、保険会社の新たな商品開発への期待も高まっていた。

　最後に第 5 として、海外からの規制緩和・市場開放の強い要求があった。保険自由化は、もともと保険業界や消費者など国内からの要望がきっかけではあったが、流れが本格的になったのは1993年 7 月に始まった日米包括経済協議において保険市場の開放が迫られたことによる。最終的には、1996年12月の日米保険協議の合意で決着し、保険市場は大きく開放されることになった。

　結果として、保険自由化を通じて、国内志向の強かったわが国の保険業界も、国際的競争に対抗しうる産業構造を作り上げなければならない状況に追い込まれた。

（ 2 ）　保険自由化の経緯

　保険システム改革の目的は、金融自由化に対応した保険事業構造を構築することであったが、それは 3 つの段階を通じて行われた。

　第 1 段階は、保険業法の改正である。1992年の保険審議会答申「新しい保険事業のあり方」を受けて具体化され、1995年に成立した新保険業法であった。主な骨子としては、（ 1 ）規制緩和による競争の促進（①生損保相互乗り入れ（第三分野、業態別子会社方式）、②募集（ブローカー制度の導入、一社専属制の見直し）、③商品・料率の規制緩和（算定会制度の見直し、届け出制の導入））、（ 2 ）消費者保護（①ソルベンシー・マージン基準の導入（財務健全性の維持）、②保険契約者保護基金の創設）、（ 3 ）公正な事業運営（透明性の確保、ディスクロージャーの改善）という内容であった（図表 9 - 1 ）。ここまでは、むしろ保険業界自身も積極的に規制緩和を主張していた。しかし、保険業を取り巻く経済環境は議論の初期段階から大きく変化しており、この改正のもたらす意味は予想以上の影響を与えるものであった。

図表9-1　保険自由化の全体図

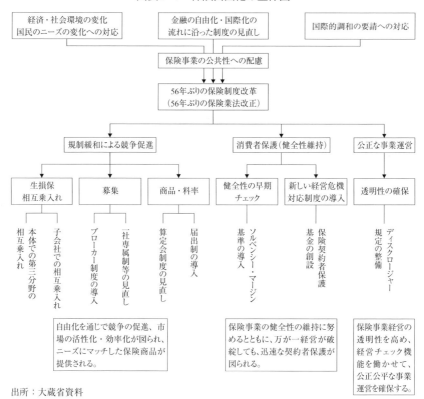

出所：大蔵省資料

　さらに第2段階として、保険自由化への流れを決定づけたのが、日米保険協議の合意（1996年12月）を受けて示された規制緩和の方向性である。1998年7月の「損害保険料率算出団体に関する法律（料団法）」の改正により、火災、自動車、傷害各保険について、算定会料率の使用義務は廃止された。これにより、保険規制のいわば象徴的存在であった算定会料率体制が崩壊し、料率自由化や商品開発に弾みを与え、保険自由化は決定的となった。ただし、消費者保護や健全性確保に支障が生じないように、商品（保険約款）および料率の認可制は維持されることとなった。米国からの政治的圧力を受けて大

改正が行われたが、米国の主張には日米保険市場をめぐる認識の違いから生じる諸問題が内在していた。しかし、この決着により、それまで最も規制緩和に消極的と見られていた保険業界に対して、後戻りのできない自由化への路線を決定づけ、むしろ加速させる結果となった。

　そして第 3 段階として規制緩和の最終形を示したのが、1998年の「金融システム改革法」である。これは、金融サービス業における競争を促進し、銀行法、証券取引法、保険業法を同時に改正した一連の法律である。これにより、従来の縦割り行政に大幅な変更が施され、銀行、証券、保険の相互参入が認められことで、業界再編成の動きが一気に加速した。保険業界にとっては、巨大な金融グループが形成される中で、保険業としての存在をいかに確保するかという新たな課題に直面することとなった。同時に、制度設計の不備が露呈した「保険契約者保護基金」を作り直して、同年12月の生損保別の「保険契約者保護機構」が設立された。こうした金融システム改革により、支払保証システムの充実と契約者に対する自己責任原則の徹底化が図られた。

　こうした一連の保険自由化によって期待された政策効果として、①保険料率（価格）の低下（＝消費者余剰の拡大）、②事業領域の拡大と保険市場の活性化（＝第三分野保険の自由化、販売チャネルの多様化など）、③新しい保険商品の開発と消費者選択の多様化、④消費者意識の高揚（＝外部効果の可能性）、⑤行政コストの軽減（＝行政認可に関する機会コストの節約）、などを挙げることができる。

　保険自由化は、わが国の保険業界にとって、これまで経験をしたことのないほどのドラスティックな環境変化をもたらした。そして、従来の協調的競争体制から脱却して、本格的な市場競争へ大きく移行することになった。

（3）　消費者から見た保険自由化の意義と課題

　一方で、消費者の立場からも、保険自由化にはいくつかのメリットならびにデメリットがあったと評価できる（図表 9 - 2）。第 1 に、保険料（価格）が低下した。図表 9 - 3 は、保険自由化以降の自動車保険の契約 1 件あたりの平均保険料を示している。保険自由化だけが全ての要因とは言えないが、

図表9-2　消費者から見た保険自由化の意義

メリット	デメリット
・保険料負担の軽減 ・保険商品（保障内容）の多様化 ・販売チャネル（入手経路）の多様化 ・消費者利便の向上 ・消費者意識の向上 ・リスクに対する意識向上	・保障内容の複雑化（保険金不払い問題の一因） ・保険会社の経営リスク（不安定性）の増大 ・保障格差の増大 ・リテラシー格差（情報弱者）の顕在化

図表9-3　自動車保険の契約1件あたり平均保険料

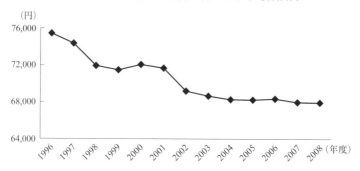

(円)

注：平均保険料＝正味収入保険料／保有契約件数
出所：「インシュアランス損害保険統計号」各年度版より作成

　平均保険料は一貫して低下しており、消費者負担が低減していることが推測できる。また、保険商品が多様化し、各社の激しい保障サービス競争の中で、消費者ニーズに対応した商品開発が活発化している。そして、販売チャネルが多様化した。銀行窓口販売やダイレクト保険が解禁されたことにより、消費者が入手経路を自由に選択できるようになり、確かに利便性は向上した。
　また、消費者に対して、保険への関心を高めたことも大きな効用であっただろう。保険自由化以前は、どの保険を選択してもほぼ同じ保障内容であったので、保険を選択するという意識は醸成されにくかった。ところが、保険自由化により商品が多様化し、それに応じて保険料にも差異があるため、自

分で納得して保険に加入しなければならないことを認識する人々が増えたと言えよう。同時に、リスク細分型保険が登場し、自分自身のリスクの大きさによって保険料負担に差が生じることを意識せざるを得なくなった。

　保険自由化により、消費者はさまざまなメリットを享受できるようになった半面、デメリットというべき新たな課題を突き付けられることにもなった。まず、保険商品の多様化には保障内容の複雑化という側面もあり、消費者にとってわかりにくくなった。言い方を変えれば、消費者には、より広い保険の知識が求められるようになったと言える。この保障内容の複雑化は、2005年頃に発生した保険金不払い問題の一因ともされている。

　さらに、保険商品の選択が難しくなっただけでなく、保険会社の選択に消費者自身が責任を負うことになった。保険自由化の下で保険会社の経営リスクは増大し、不安定な状態に置かれている。消費者は、保険会社の経営情報を入手・吟味して、慎重に選択する姿勢が求められるようになった。

　そして、消費者にとって最も大きな課題は、保険に対するリテラシー（理解力）が求められるようになったことである。多様な保険商品の中から、自らの保障ニーズに適合したものを選択するためには、保険に対する知識や理解力が必要である。保険会社も、わかりやすさを意識して約款の文言やパンフレットの作成に工夫をしているが、全ての消費者が正しく理解できる状況を作るのは難しい。特に高齢者に対する保険提供のあり方は、保険会社だけでなく、保険政策においても重要な課題となっている。

9-3　保険セーフティネットの機能と構造

（1）　生命保険会社の経営破綻

　日本では、1980年代中頃から1990年代初頭にかけて、バブル経済が発生した。バブル経済が始まるきっかけになったのは、1985年にアメリカ、日本、イギリス、フランス、西ドイツのG5が発表したプラザ合意であった。これにより為替相場は円高に転じたが、円高不況時の景気対策として公定歩合の引き下げが繰り返された結果、低金利下で企業の旺盛な設備投資が見られ、

都心を中心として事業用のオフィス需要が急速に膨張し、不動産価格が上昇した。投資の期待収益率の上昇を予想する投資家は、価格上昇した不動産を担保にして融資を受け、さらに新たな投資を行うという循環的な投資行動をとり、こうしてバブル経済が生成されていった。

保険業界は、人々の金利選好意識に乗じて、一時払い養老保険や変額保険など金融性の高い保険商品を相次いで販売した。高利回りの金融商品として人気を集めた一時払い養老保険の好調な売り上げは保険業界の資金量を増やし、「ザ・セイホ」とまで呼ばれるほど、金融機関としての地位を大きく引き上げることにつながった。バブル経済が過熱する中で、保険会社は、積極的に貯蓄性の保険を販売する一方で、株式や不動産への投資も続けた。

ところが、1990年代に入り都心のオフィス需要が低迷し、好景気がバブルであったことが明らかになると、株式市場や不動産市場の急落が始まる。日本銀行が金融引き締め対策として公定歩合を6％まで引き上げると、資金流動性が急速に悪化し、不動産価格の下落は保有資産の不良債権化をもたらし、その損失を埋め補うために不動産売却を急ぐ動きが現れて、国全体でバブル崩壊が始まった。

その後、日本経済は「失われた20年」を経験することになる。銀行の経営破綻が相次ぎ、戦後初めての事例として、1997年4月に日産生命が経営破綻に陥った。日産生命は、1980年代後半に、一時払い養老保険を主力商品とした結果、急速に保有資産を膨張させていった。そしてバブル経済が崩壊し、高予定利率で販売した保険商品が、長期金利の低下によって一気に逆ざや（利差損）に陥ったのである。

これをきっかけとして、生命保険の信用不安が急速に高まり、国民の保険業界に対する見方が厳しくなった。さらに、経済低迷による低金利が続く中で、保険会社は逆ざや状態から抜けきれず、バブル経済以前までに蓄積してきた含み益をはき出しながら、経営立て直しを図った。

この金融不況に耐えられなかった保険会社の中から、その後、相次いで7社の生命保険会社が破綻した（図表9-4）。そして、破綻会社を買収したほとんどが外資系会社であったことも、わが国の保険市場におけるグローバル

図表9-4　生命保険会社の破綻事例

	日産生命	東邦生命	第百生命	大正生命	千代田生命	協栄生命	東京生命
破綻年月日	1997年4月25日	1999年6月4日	2000年5月31日	2000年8月28日	2000年10月9日	2000年10月20日	2001年3月23日
責任準備金の削減率	なし	10%	10%	10%	10%	8%	なし
破綻前の責準積立方式	全期チルメル	10年チルメル	純保険料式（一部10年チルメル）	商品により3〜10年チルメル	純保険料式	5年チルメル	純保険料式
破綻後の責準積立方式	全期チルメル	全期チルメル	全期チルメル	全期チルメル	全期チルメル	全期チルメル	全期チルメル
破綻前の平均予定利率	3.75〜5.5%	4.79%	4.46%	4.05%	3.70%	4.00%	4.20%
破綻後の予定利率	2.75%	1.50%	1.00%	1.00%	1.50%	1.75%	2.60%
準拠法	保険業法	保険業法	保険業法	保険業法	更生特例法	更生特例法	更生特例法

出所：浅谷輝雄監修（2004）『生命保険再生の条件』金融財政事情研究会より一部抜粋

化の流れを決定づけることになった。

　あらためて、1990年以降の生命保険会社が経営困難に陥った原因をまとめてみると、①予定利率が高い水準に留まった結果、高コストの長期負債を抱えたこと、②バブル形成期に株式や外国証券など価格変動資産に資産構成がシフトした結果、価格変動リスクに直面するようになったこと、③簿価の高い資産や含み損のある資産を大量に保有した結果、時価主義会計などグローバリゼーションへの備えができていなかったこと、④含み益の減少のためにリスク耐久力が低下し、外国資本との競争力が低下したこと、⑤経済不況の長期化の影響で、株安・超低金利・不動産不況・貸し付けが低迷し、資産運用が難しかったこと、などを挙げることができる。

（2）　事前的規制と事後的措置
　保険自由化により、保険会社は、保険市場への参入が自由になる一方で、

図表9-5　事前的規制と事後的措置

	目的	方策
事前的規制	早期是正措置 競争条件の整備 破綻コストの軽減	ソルベンシー・マージン規制 責任準備金規制 保険監督会計の採用
事後的措置	破綻会社の契約者救済 破綻コストの財源調達 信用秩序の維持	生命保険契約者保護機構 損害保険契約者保護機構 更生特例法

出所：筆者作成

　競争に敗れた場合には保険市場からの退出を余儀なくされる。この対策として保険業法が改正され、事前的規制と事後的措置の二段階の対応がなされることになった（図表9-5）。

　事前的規制には、ソルベンシー・マージン規制や責任準備金規制、保険監督会計ルールの採用などがある。これらは、保険会社が経営破綻に陥ることのないように、事前に早期是正措置を発動して是正させ、競争条件を整備し、破綻コストの軽減を図ろうとするものである。

　これに対して、事後的措置には、生命保険契約者保護機構や損害保険契約者保護機構などの保険セーフティネットや更生特例法などがある。これらは、事前的規制にもかかわらず経営破綻に陥った保険会社のその契約者を救済するためのセーフティネット（安全網）をあらかじめ用意しておくものである。これにより、契約者を直接的に救済すると同時に、破綻コストの財源調達や信用秩序の維持を図るものである。

　これらの二段階の措置は、自由競争の結果として不可避的に発生する保険会社の経営破綻の影響を最小限に抑制するための措置である。一般的には、事前的規制の段階で経営不振の保険会社に早期に経営改善を促すのが社会的には好ましいが、それでも不可避的に経営破綻が発生した場合には、契約者を救済する措置を講じておくことで、保険システムに対する安定性と信頼を確保するものである。

　事前的規制による早期是正措置を設け、経営破綻に陥る事態を未然に防ぐ

ことは、契約者利益を保護するうえで非常に重要である。しかし過度に厳しいルールを課すならば、自律的経営を損ねることになり、保険自由化の理念を阻害する可能性がある。したがって、政府にとっては、必要かつ適正なルール設定をいかに行うかが政策課題である。

本来は、保険自由化の目的は、競争原理を導入し、保険業の効率化を目指すところにあるのだから、政府規制による信用秩序維持に対する考え方も変更されなければならない。自由競争の結果、非効率な会社が経営破綻に陥るとしても、それは当然の理であって、そのことと契約者保護とは峻別して考えなければならない。逆に、経営不振の保険会社を市場に温存させること自体が、社会経済的に不効率であり、また契約者利益を阻害する要因となることを認識する必要がある。

（3） 保険契約者保護機構の構造と機能

生命保険契約者保護機構の構造

1998年12月に、保険業法に基づいて「生命保険契約者保護機構」と「損害保険契約者保護機構」の2つの保険セーフティネットが設立された。生損保業界で別々に設立された理由は、生命保険と損害保険の性格の違いにある。

生命保険契約者保護機構には、国内で事業を行う全ての生命保険会社が会員として強制加入することになっている。ただし、共済・少額短期保険業者・特定保険業者などは保護機構の会員ではない。財源は、引き受けシェアに応じた事前拠出で賄われる。

万が一に破綻保険会社が生じた場合、その保険契約などを引き継ぐ救済保険会社が現れるかどうかで、その後の対応が異なる。救済保険会社が現れた場合には、破綻保険会社の保険契約は、「救済保険会社」による保険契約の移転、合併、株式取得により、破綻後も継続される（図表9-6）。生命保険契約者保護機構は、救済保険会社に対して必要に応じて資金援助を行う。また、破綻保険会社に対しても、補償対象の保険金支払いに関わる資金援助をすることになっている。

救済保険会社が現れなかった場合には、生命保険契約者保護機構が、子会

図表9-6　生命保険契約者保護機構の仕組み（救済保険会社が現れた場合）

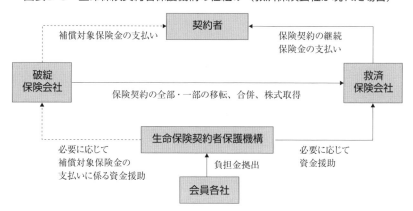

出所：「生命保険契約者保護機構」ホームページより

社としての「承継保険会社」を設立するか、または保護機構自らが、保険契約の承継を行うことになる。いずれにしても、保険契約は、破綻会社が発生しても継続され、契約者は保護されることになっている。

　ただし、契約者が破綻前と同じ保障水準で保護されるわけではなく、契約者は、補償限度額は、破綻時点の責任準備金の90％までとなっている（ただし、「高予定利率契約」にあたる場合は、追加で引き下げられることがある）。つまり、完全に補償されるわけではないことに注意すべきである。

　図表9-7は、生命保険契約者保護機構における養老保険を例にした補償イメージである。破綻保険会社の契約者は、破綻時に契約ごとに計算される責任準備金に基づいて最大10％が減額されて補償され、それ以降は新しい予定利率が適用される。したがって、どの程度補償されるのかは、破綻時の責任準備金の大きさに依存するので、貯蓄性が高く、保険金額が大きく、また経過年数が長いほど、補償される金額は大きくなる。

　ここで注意すべきことは、契約者の保護のあり方について、保険契約の継続が原則となっていることである。生命保険の場合には、破綻と同時に生命保険が失効すれば、大きな不利益を被ることになる。仮に、解約返戻金を受

図表9-7 生命保険契約者保護機構の補償イメージ（養老保険の例）

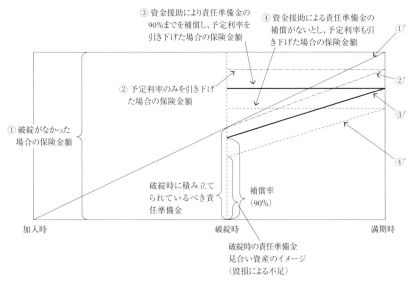

① 破綻がなかった場合の責任準備金額
② 予定利率のみを引き下げた場合の責任準備金額
③ 資金援助により責任準備金の 90％までを補償し、予定利率を引き下げた場合の責任準備金額
④ 資金援助による責任準備金の保障がないとし、予定利率も引き下げた場合の保険金額

出所：「生命保険契約者保護機構」ホームページをもとに作成

け取ることになったとしても、契約始期時から、ある程度年数が経過した段階で、再度保険に加入することになれば、年齢条件も悪くなり、場合によっては健康が理由で保険加入を拒否される可能性もある。したがって、生命保険の契約者を保護するためには、何よりも保険契約の維持継続が重視されているのである。

損害保険契約者保護機構の構造

　一方、損害保険契約者保護機構は、損害保険業を営む全ての損害保険会社

（再保険専門会社など、保険業法により加入義務のない一部の会社を除く）が会員として加入する。基本的なスキームは、生命保険契約者保護機構と同じで、破綻保険会社が生じた場合に、破綻保険会社の保険契約の移転などにおける資金援助、補償対象保険金の支払いに係る資金援助などを行う。

　しかし、損害保険契約者保護機構は、生命保険契約者保護機構とは補償ルールが大きく異なっている（図表9-8）。自賠責保険や家計地震保険など、政府が関与する保険は、いかなる場合でも100％補償される。これに対して、自動車保険や火災保険、その他の損害保険、短期傷害保険（保険期間1年未満）などは、破綻後3か月間は100％補償されて保険金は全額支払われるが、3か月経過後は補償割合は80％に下げられることになっている。また、積立傷

図表9-8　損害保険契約者保護機構の補償内容

		保険金支払い	解約返戻金・満期返戻金 など
損害保険（下記以外）	自賠責保険、家計地震保険 ★	補償割合100％	
	自動車保険 ★	破綻後3か月間は保険金を全額支払い（補償割合100％） 3か月経過後は補償割合80％	補償割合80％
	火災保険		
	その他の損害保険 　賠償責任保険、動産総合保険、 　海上保険、運送保険、信用保険、 　労働者災害補償責任保険　など		
疾病・傷害に関する保険	短期傷害　特定海旅 ★		
	年金払型積立傷害保険 ★ 財産形成貯蓄傷害保険 確定拠出年金傷害保険	補償割合90％	補償割合90％
	その他の疾病・傷害保険 ★ 　上記以外の傷害保険、所得補 　償保険、医療・介護（費用） 　保険　など		補償割合90％ 積立型保険の場合、 積立部分は80％となる。

注1：保険契約区分は、主契約（基本的に普通保険約款）の保険金支払事由に従う。
　2：★印の保険は、保険契約者を問わず補償の対象となる。
　3：「短期傷害」とは、傷害保険で保険期間1年以内の保険契約、「特定海旅」とは、海外旅行傷害保険をいう。
　4：いわゆる共済契約や少額短期保険業者の引き受けた保険契約は、補償の対象とならない。
出所：「日本の損害保険」をもとに再編集

害保険や医療（介護）費用保険などは補償割合は90％まで引き下げられる可能性がある。

　このように、保険種目によって補償割合が異なるのは、自動車保険や火災保険などは、通常、保険期間が 1 年で契約更新されることから、 3 か月の猶予があれば、新たな保険契約に移行することは比較的容易であること、さらには、生命保険と違って、付保対象がモノであることから契約条件が時間の経過に伴って変化することが少ないことが理由である。つまり、損害保険の場合には、迅速に対応すれば、契約者に極端な不利が及ぶことはないであろうとの判断によるものである。

事前拠出方式と事後賦課方式

　保険セーフティネットの主な財政方式には、大きく事前拠出方式と事後賦課方式がある。事前拠出方式は、破綻発生の有無にかかわらず、会員会社が負担金を拠出して保護機構に資金を積み立てておく制度で、負担割合はシェアで分担される（実際には、契約者の支払う保険料から賄われる）。これに対して、事後賦課方式は、保険会社の破綻が生じ、資金援助が必要となった場合に、保護機構がその資金を金融機関等から借り入れて賄い、その後に会員会社が負担金をシェアに応じて返済するものである。事前拠出方式は、日本の他にフランスが採用しているが、アメリカ、イギリス、カナダなどは、事後賦課方式である。

　図表 9 - 9 は、事前拠出方式と事後賦課方式の功罪を比較したものである。 2 つの方式を比較したときの最大の違いは、契約者の財源負担のあり方である。すなわち、事前拠出方式では、全ての契約者が一律に（保険料に応じて）財源負担するのに対して、事後賦課方式では、破綻した保険会社の契約者は財源負担することがなく、健全な保険会社の契約者が全ての財源を負担する構図になっている。そのために、事後賦課方式では、契約者が経営リスクの高い保険会社を選んでも無償で保護されるために、選択責任に対するモラルハザード（無関心）の誘因となりかねない。モラルハザードを抑止するためには、事前拠出方式による経営リスクの程度に応じた可変料率制が望ましい。

図表9-9　事前拠出方式と事後賦課方式の比較

	事前拠出方式	事後賦課方式
メリット	・事前の財源確保により、有事の際の迅速な対応が可能 ・可変料率制の導入が可能 ・全ての保険会社（契約者）から負担拠出がなされる	・制度管理コストが小さい ・資金管理コストが生じない ・必要規模の資金調達が可能
デメリット	・破綻事例が発生しない間の資金管理コストが必要 ・制度管理コストが大きい ・適正規模の資金調達が困難	・有事の際に迅速な対応が難しい ・資金調達に時間を要する ・破綻会社から負担拠出が得られない ・可変料率制の導入ができない ・経営のモラルハザードを誘発する可能性がある

出所：筆者作成

　保険契約者保護機構においては、事前拠出方式ではあるが可変料率制ではなく、全ての保険会社の契約者に平等な負担を求めている。自己責任部分として補償限度額が設定されているが、結果としては、健全な保険会社を選択した契約者が、破綻会社の契約者を救済するために財源負担をすることになり、不公平感を抱く契約者があるかもしれない。

　これについては、保険システムの信用秩序は、無償で享受できるものではなく、一定のコストを要するということを、われわれは理解しなければならない。すなわち、保険自由化の結果として破綻した会社が発生することは、保険システムへの信用を失墜させるものであるが、保険セーフティネットの存在は、保険制度に対する安心感を提供するものなのである。その効用は広く契約者が享受するものであるから、広く契約者全体で平等に費用を負担することは十分に納得できるだろう。

　保険自由化の下では、保険セーフティネットは、保険業界に対する信用秩序を維持するためにも一層重要になる。信用秩序が崩壊する過程は、(i) 金融・経済環境の悪化、(ii) 一部の経営体質の弱い保険会社の経営破綻、(iii) 保険

業界全体に対する信用不安、という順序で進行する。この中で、完全に信用
秩序を維持するためには、(i) から (ii) への段階を断ち切ることが必要であ
るが、次の (ii) から (iii) への段階を抑止すれば、最低限の信用秩序は確保
することができる。したがって、保険自由化による弊害と考えられる保険会
社の経営破綻は、小規模である限りは、ある程度容認できることになる。

　このように見てくると、保険セーフティネットの機能としては、①破綻会
社の契約者に対する直接的救済、②契約者の選択責任に対する補正（＝自己
責任追求の限界）、③規制緩和（＝自由競争）の弊害に対する補完、④保険市
場の安定性の確保、⑤保険制度に対する信頼性の維持（＝システミックリス
クのシェア）、などがあるものと理解ができる。

9-4 ｜ 政策介入の根拠と保険政策

（1）　政策介入の根拠

　保険業者に対する監督法規である保険業法では、第 1 条において「この法
律は、保険業の公共性にかんがみ、保険業を行う者の業務の健全かつ適切な
運営及び保険募集の公正を確保することにより、保険契約者等の保護を図り、
もって国民生活の安定及び国民経済の健全な発展に資することを目的とす
る。」と定めている。保険業の公共性については、具体的内容が示されてい
ないが、広く国民経済や生活福祉に関与していることから、国民生活に深く
結びついており、政府は、保険業に対して免許事業として政策介入を行って
いる。

　政府介入が正当化される根拠をあらためて考察してみると、以下のように
整理することができる。第 1 に、保険者の支払い余力（ソルベンシー）の確
保である。保険加入者にとっては、契約に基づいて確実に保障を提供される
ことが最も重要である。仮に、保険会社が経営破綻に陥ることになれば、直
ちに契約者の生活破綻につながる可能性が大きい。免許事業として政府が認
可を行っている限り、保障提供が確実に実行できる状態を維持するように監
督する責任がある。

第2に、保険会社と保険契約者との間に存在する情報格差を補正することである。保険取引に関する限り、明らかに保険会社と保険契約者との間に情報格差が存在しており、公正な保険取引を行うためには政府の役割は大きい。また、保険リテラシー（保険理解力）においても、一般的に契約者は不十分なことが多い。こうした情報格差を補正するために、さまざまな法律を制定して、保険会社の行動を規制している。

第3に、保険料決定の特殊性への関与である。保険は、「原価の事後確定性」という特性を有している（第4章を参照）。保険のコストは、将来予測に基づいて見積もられて、最終的には保険期間が終了してから確定するため、自由取引を放置すると過当競争を招きかねない。ただし、保険事業は、発生不確実なリスクを引き受けて、保険契約者に代わって合理的なリスク処理を行うというビジネスを行っているのである。不確実性を確実なコストに置換することが保険事業の社会的使命であるとすれば、「原価の事後確定性」を強調しすぎることは、逆に保険事業の自己否定につながりかねない。現在、規制緩和により、保険料率は原則自由化されているが、金融庁は標準利率を示し、各保険会社は標準利率を参考に予定利率を決めている。

第4に、社会的目標の達成である。他の経済政策を補完するという目的で、民間保険を積極的に活用することは有益である。例えば、社会保障制度は、民間保険にその機能の一部を依存しており、民間保険と社会保険との連携が図られなければならない。政府は、税制を通じて自助努力を促す目的で、医療介護保険料控除、個人年金保険料控除、地震保険料控除など、課税所得からの税負担軽減が図られている。また、自動車保険においても、強制加入の自賠責保険と任意加入の自動車保険とは制度的にも連携していることから、政策的関与が行われることがある。

（2） 料率規制と保険政策

政策目標に沿って保険制度を機能させるために、政府は保険料率を規制する政策を講じることがある。保険市場に積極的に政府介入（料率規制）した事例として知られているのは、米国の自動車保険の分野である。1950年以降、

市場競争の激化に伴って料率分類が促進されたが、その行き過ぎで年齢や性別、未既婚別などが徐々に用いられるようになり、次第に都市部の若年者、男性に高い保険料が課されるようになった。保険コストの高騰に対して、消費者からも不満が起こり、政府はこれを抑えるために強制的に保険料の上限を制限した。

　そこで、1950年後半から1960年にかけて厳格な事前認可制が敷かれ、料率算出団体が作成した保険料よりも低く料率を設定することが難しくなったため、規制緩和が導入され、再び料率競争が進められた。1974年から1976年にかけて発生したインフレの高進に伴って、保険業界は記録的損失に見舞われたため、選別的アンダーライティングにより引き受けを大幅に制限することになり、それが新たな社会問題を生み出すことになった。このように政府は、重要な社会的機能を担う保険を安定的に普及させるために、必要に応じて料率規制を行うのである。

　料率規制は、料率区分規制と料率水準規制からなる。料率区分規制とは、料率区分を行う際の分類要素の採用に制限を設けることである。特定の属性の契約者の引き受け拒否を認めないことで、利用可能性（availability）の確保を意図している。他方、料率水準規制は、保険料が高くなりすぎて結果的に保険に加入できない人が生じないように、料率水準に上限を設けるもので、購入可能性（affordability）の確保を意図している。これらを通じて、政府は社会的目標の達成を目指すことになる。

　料率規制を導入することは、利用可能性と購入可能性を確保しながら、安定的に保険を機能させるための有効な政策手段である。同時にそれは、リスクに応じた保険料設定という保険原理を政策的に修正するものである。すなわち、低リスク者が高リスク者のリスクを負担する内部補助の構造を保険制度内に取り込むことになる。

　わが国の「損害保険料率算出団体に関する法律」の第8条では、「料率団体の算出する参考純率及び基準料率は、合理的かつ妥当なものでなければならず、また、不当に差別的なものであつてはならない。」とあり、保険料率設定における基本原則とされている。ここで示されている合理性（因果性の

存在)、妥当性（保険料水準の適切さ）、非差別性（社会的公正の保持）は、そ
れぞれ利用可能性、購入可能性、社会的目標の達成を要請するものであり、
保険料率設定の3原則と呼ばれる。ちなみに、米国では「適正で（adequate)、
高すぎず（not excessive)、不当に差別的でない（not unfairly discriminatory)」
ことを料率規制の基準としており、両者は全く同じ趣旨である。

9-5 政府規制と契約者保護

（1）　保険取引段階と政府規制

　保険取引における保険会社（保険者）と契約者（被保険者）との間での情
報の非対称性は、さまざまな形で発生する。一般的に、契約者（被保険者）
のリスク情報については、契約者が保険会社よりも情報優位にあると考えら
れるが、その他の保険取引においては、逆に保険会社が契約者よりも情報優
位にある。

　保険取引の段階ごとに、保険会社と契約者との関係を見ていくと、①保険
加入段階、②契約保全段階、③保険金支払い段階の3つに分けることができ
る。まず、保険加入段階である。これは、契約者が保険を選択する段階であ
る。契約者にとって、保険約款は難解な部分が多いが、保険約款は保障内容
について保険トラブルが生じたときの最終的な判断となるものである。そし
て、契約者が署名をすることで、仮に誤解していたとしても、契約内容に合
意したことになる。したがって、契約者に対して誤解のないように、保険者
は十分な説明責任を負わなければならない。保険業界は、契約時に、「契約
概要」「注意喚起条項」「意向確認書」などの資料を作成して、契約者への適
切な情報と理解の促進を図るルール作りを進めている。

　一方、契約者も、契約成立後は選択責任を負うことになるので、自ら進ん
で情報を入手する努力をしなければならない。契約者は、保険会社のディス
クロージャー誌や比較情報サイトなどを通じて情報を収集して、自分に適し
た保険を選択する必要がある。しかし現実的には、かなり困難を伴うであろ
うから、アドバイザーとしてFP（ファイナンシャルプランナー）や乗合代理

店などを利用することも考えるべきである。

　次に、契約保全段階である。契約保全段階は、保険期間を通じて必要に応じた保障サービスを提供する段階である。したがって、保険事故発生に対して迅速に保障を提供できるように常に準備しておかなければならない。特に契約更新や保障ニーズの見直しなど、常に適正な保険状態であるかを管理する期間である。契約者は、確実に保障が継続されるために、保険料未払いを避けなければならないし、契約条件が変化した場合には通知する義務がある。

　契約保全段階は、保険会社と契約者の信頼関係が築き上げられる重要な期間であり、契約者満足の向上にもつながる。この信頼関係は、解約率を減らすだけでなく、間接的に新契約獲得にもつながるとされる。近年、新規契約件数が伸び悩んでいる中で、保険会社は契約者との接触の機会を増やすように努めているが、これは営業職員体制の強みを生かした経営戦略の転換である。

　最後に、保険金支払い段階である。損害査定は、特に損害保険会社にとって重要な業務であるが、損害程度や過失割合の認定、示談代行など、契約者とのトラブルが生じやすい。また、告知義務違反も保険金支払い段階で発生することが多いが、契約が成立し保険期間が経過した時点で、保障がなされないことは本来好ましくない（告知義務違反の時効は 2 年、詐欺無効の時効は 5 年）。したがって、保険加入段階で、十分に慎重な契約が行われるべきである。

　政府の立場からすると、保険契約の前後で対応は異なる。保険契約前の時点では、政府は、保険会社と契約者とで公正な保険取引が行われる条件を作ることが重要である。ここでは、保険販売に関わる適正化、保険会社に対する説明責任の厳格化など、契約者が選択責任を負うことができる状況を作ることが求められる。

　これに対して、保険契約が成立した後は、契約者が選択できる行動は限られている。保険会社が確実な保障サービスを提供するように、保険会社に対する監督が行われる。そして、政府は、契約保全ならびに保険金支払いが適正に行われるかどうかを監視することになる。

（2）　保険金不払い問題と契約者保護

　保険自由化が始まって10年が経ち、2005年に保険業界に大きな衝撃を与える出来事が発生する。金融庁から、大手生命保険会社が取り扱う死亡保険に不当な保険金不払いがあるという指摘があったのである。生保会社10社に業務改善命令や業務停止命令が下され、保険会社は、社会的信用を失うことになった。一方、損害保険会社でも、自動車保険や火災保険において不適切な保険金支払いが見つかった。

　一般的に「保険金不払い」とされているものは、大きく3つに分けることができる。1つ目は、「不適切な保険金不払い」である。これは、正当な理由もなく、告知義務違反などを根拠として、保険金支払いを拒否するというものである。2つ目は、「支払い漏れ」である。契約者から保険金請求がないことを理由にして、事務的ミスにより、本来、支払われるべき保険金が支払われなかったものである。3つ目は、「請求案内漏れ」である。入院給付金などの請求ができる可能性があるのに、契約者からの無請求を放置したことで、契約者に不利益を与えたものである。通常、平均的な契約者が保障内容を全て熟知して、正確に保険金を請求するということは難しい。仮に、そうした状況を知りながら、保険会社が意図的に保険金を支払わないとすれば大きな問題である。

　契約者利益の観点からは、受け取るべき保険金を請求することは当然の権利ではあるが、従来までの保険は請求主義を慣例としてきた。契約者が請求書を保険会社に提出することで、保険金の支払いがなされる。これ自体は公的年金も同様であり、公的年金を受給する場合には契約者自らが手続きをしなければ支給されない。しかし、この請求案内漏れが大きく取り上げられたことから、保険業界の意識改革が求められることになった。

　保険金不払い問題の中で、「不適切な保険金不払い」はあってはならないもので、論外と言える。「支払い漏れ」や「請求案内漏れ」も、仮に、単なる事務的なミスであったとしても管理体制が十分でなかったことは認めざるを得ない。

　この背景として、保険自由化により、保険会社が保障内容を競い合う中で、

保険商品が多様化・複雑化した一方で、販売する側に適正に処理する体制が整っていなかった可能性がある。実際、保険金の支払い漏れは、保険自由化が始まった後、1998年以降に顕著になっている。競争が激しくなり、販売するほうにウエイトがかかりすぎて、保全管理が疎かになったのかもしれない。特に、医療保険に関しては、保険の特性を十分に認識することなく、従来の販売体制のまま取り扱ってしまった。契約前発病に関しては、医的診査を軽視した結果、保険金請求時に告知義務違反が判明したこともあったと思われる。

　それでも、保険金不払い問題の原因を保険自由化に求めるのは適切ではない。確かに、業界再編成に伴う査定部門の合併・統合や経費節減などによって、保険金支払いに十分な人員が配置できなかったという要因もあったかもしれないが、やはり根本には保険自由化の本質を認識しないまま、競争を展開した結果というべきである。あらためて、保険自由化とは、保険会社にとって独自の保険商品を提供する自由を認めながら、同時にその保険を契約どおり全うする責任を伴うものであるということを示すことになった。

　この事柄を通じて、保険業界は一斉にコンプライアンス（法令遵守）の見直しを行った。この間、保険業界は、従来までの請求主義を改めて確認主義へ転換すると同時に、保険商品の簡素化や、顧客への説明責任の見直し、診断書のデータ化、支払い査定体制の改善を図り、意図的な不払いなどを防ぐための体制を整えた。さらに、保険約款の平明化に向けた取り組みや、報酬体系の見直しによって過度な販売促進を控えるなど、保険会社の経営全般の見直しが進められた。

（3）　契約者保護と政策転換

　第 2 次大戦後、監督官庁である大蔵省（当時）は、契約者保護を大義名分として護送船団行政を行ってきた。保険会社を個別裁量的に監督することで、経営破綻に陥る会社を生じさせないことに主眼が置かれてきた。これを通じて、契約者の加入する保険は守られて、確実な保障（補償）が提供されてきたのである。しかしながらこの体制は、保険業の成長とともに、次第に行政

の肥大化を招き、業界の経営非効率につながった。

　保険自由化は、こうした非効率を改善し新たな成長を目指すうえで必然で
あったと言えよう。それに伴って保険行政も、個別裁量行政からルール（規
則）行政への転換が図られた。これは、商品開発や資産運用、保険料率設定
に自由を認める一方で、ソルベンシー・マージン規制やコンプライアンス項
目など遵守すべきルールを定めて、これに違反した場合に限り、厳しい行政
介入が行われることになった。行政による裁量的判断が少なく、保険会社側
は実行すべき項目が明確であり、それと同時に、保険会社の果たすべき経営
責任は大きくなった。一方、契約者は、護送船団行政の下で全面的に保護さ
れてきたが、ルール行政の下では、契約者にも一定程度の選択責任を求める
ことになった。保険会社にルール違反があった場合には救済されるが、そう
でない限り保険契約を交わした結果に対して自らが責任を負わなければなら
ない。

　さらに保険自由化から20年が過ぎて、保険行政は、「ルール（規則）ベー
スからプリンシプル（原則）ベースへ」という新たな政策理念の段階に入ろ
うとしている。プリンシプルベースとは、行政が事業として尊重すべき原則
や規範を示したうえで、事業者がそれに沿って事業運営をするものである。
金融庁は、このプリンシプルの具体的内容を示していないが、「顧客本位の
業務運営」であるとしている。つまり受託者責任（フィデューシャリーデュー
ティ（FD））を踏まえて、顧客本位に立って「為すべきこと」「してはならな
いこと」を自主的に判断する。ただし、内容が具体的でないために忖度が求
められ、かえって経営が萎縮するということがあってはならない。

　プリンシプルベースへの政策理念の転換は、保険会社の経営の自律を尊重
するものである。保険会社は、契約者の立場に立って何をすべきかを自主的
に考えて行動することが要請される。保険会社は、これまで監督される立場
に甘んじてきたが、今後は、高い経営倫理を持って自律した経営を目指すこ
とが求められている。

9-6 | 保険の本質と保険政策

　保険政策は、保険システムを経済社会に効率的かつ有効に機能させるためのさまざまな施策である。そこでは、確立した保険理論を尊重しつつ、国民生活との親和性を図るプロセスであるとも言える。

　保険を規定する 2 大原則は、給付・反対給付均等の原則と収支相等の原則である。給付・反対給付均等の原則は、個別契約における公平性を求める原則であり、ミクロ（個別契約）の等価原則を規定するものである。個別の保険契約における公平性が実現されれば、あわせて契約者間の公平性も保証することになる。これは、保険契約の個別性を意図するものであると同時に、保険があくまでも自己責任原則に基づいた経済取引であることを示している。さらに、この給付・反対給付均等の原則から、個別リスクの大きさに応じた保険料設定を行うためには、リスク分類が必要であることが導かれる。

　他方、保険制度全体から見るとき、保険事業が継続的に成り立つためには、保険者にとって収入と支出が均衡していなければならない。収支相等の原則は、保険経営の継続のための必要原則であり、保険集団としてのマクロ（保険集団）の等価原則を規定している。同時に、この原則は、保険制度が集団性を有することを示唆している。

　保険は、この 2 つの原則を両立させるように設計すべきであることを原理としている。これらの原則が同時に満たされるような保険は、被保険者間において公平であり、健全な保険経営を維持できることになる。そして、同質な保険集団を構成するためには、リスク分類が適正に行われることが必要条件となるのである。

　こうした保険原理を踏まえつつ、保険機能をいかに発揮させるかが保険の本質であり、保険事業の目的である。保険原理と保険機能を対比的に整理すると次のようになる（図表 9 -10）。

　保険原理においては、リスクに応じて保険料を設定することが保険数理的公平であり、それにより公平なリスクのコスト化を実現する。そのための手

図表9-10　保険原理と保険機能の調和と相剋

	保険原理	保険機能
目的	公平なリスクのコスト化	合理的なリスクの処理策
手段	リスク分類	リスク集合
	リスク細分化	リスク混合化
リスク集団	リスク同質性	リスク異質性（内部補助）
公平性	保険数理的公平性	社会的公平性
経済的効果	資源配分の効率性	社会的厚生の最大化
指向性	差別化・個別化	平等化・均等化
制度の理念	自己責任・自助努力	相互扶助・弱者救済
制度の性格	経済制度	社会制度
主義	個人主義	連帯主義
政策手段	競争原理・自由競争	政府介入・政府規制

出所：筆者作成

段として、リスクを細分化しリスク分類を行うことで、リスク集団の同質性を図ることになる。これに対して、保険機能を実現するためには、いかにして合理的なリスク処理を行うかが問題となる。このときの合理性では、保険者にとっての経営合理性が重視されるところがポイントとなる。したがって、最終的には、個人的公平性と経営合理性をどこまで調整するかが問題となるのである。ただし、資本主義経済においては、保険取引に際して保険者が常に優位に立っており、契約成立の主導権は保険者側に帰属している。

　次に、経済的効用の観点からは、保険原理の追求は資源配分の効率性を高めることになるが、保険機能を重視することは社会的厚生の最大化を図ろうというものである。両者の指向性を比較すると、保険原理は差別化や個別化を目指すものであるが、保険を社会化して保険機能を広く浸透させるためには、平等化や均等化を進めることを意図することになる。つまり、保険原理では個別リスクの相違性を重視するのに対して、保険機能を重視する立場では、共通性を認めて集団的に処理することを指向する。また、制度理念として自己責任・自助努力を追求しようとするのが保険原理であるのに対して、保険の相互扶助や弱者救済は保険機能を重視するものと理解すべきである。

　政策的観点から比較してみると、保険原理は、自由な経済取引を前提とする競争原理と相通ずるものである。契約者は、あくまでも経済的に公正な取引を求め、等価交換を望むのである。これに対して、保険機能を確保するためには、一定範囲での政策介入が正当化される。具体的には、保険料率や販売手法などに規制をかけることになる。

　保険原理と保険機能は、時として相剋関係に置かれるが、保険の本質は、この関係にいかに調和を図るかということにある。保険政策は、保険原理と保険機能の調和を図り、保険機能を高めるための方策と解することができる。こうした理解が高まることが、保険のさらなる発展を支える重要な要素である。

自習用研究課題

1.　護送船団行政から転換して保険自由化が導入されるに至った背景と、その効果ならびに課題について考察しなさい。
2.　保険セーフティネットの必要性と問題点について考察しなさい。
3.　契約者保護のための保険政策にどのような変化が見られるかについて、考察しなさい。
4.　保険原理と保険機能は、どのような相剋関係にあると言えるか。さらに、それらをいかに調和させるように保険政策が行われているかについて考察しなさい。

第10章
保険の将来

---〈本章のねらい〉---

　本章では、これからの保険が直面する主要な課題のいくつかを取り上げて、保険の将来を展望する。現代社会に広く浸透して重要な役割を担っている保険であるが、まず、その保険の社会化の意義について、保険の発展過程を踏まえて考察する。次に、さまざまな現代リスクの特徴を整理しながら、それらのリスクに保険業がどう向き合うべきかを考える。さらに、保険業を取り巻く環境要因の１つとして人口減少社会と保険業との関係を取り上げて、今後の課題を論ずる。そして、近年、急速に進みつつある保険業のグローバル化について、その背景と展望を述べる。最後に、これからの社会を支配すると考えられるデジタル化について、保険業がどう取り組むべきかを考える。

10-1 | 保険の発展と保険の社会化

　保険は、その発展過程を通じて社会化（socialization）を進展させていった。保険の社会化とは、保険が社会経済の多くの領域に関与し、国民生活に深く浸透していく状況を示すものである。この保険の社会化は、①損害の社会化、②責任の社会化、③リスクの社会化、の３つの社会化を通じて展開される。

　第１の「損害の社会化」は、個人的損害に対して、保険金による損害塡補がなされることである。保険会社内部に集積された保険料が、必要に応じて事後的に保険金に転換され、損害発生は、保険コストの増加を通じて、保険

集団の負担増となる。個人的損害の発生が社会的影響を及ぼすのであり、したがって、社会全体の損害拡大が、個人負担を増加させる。保険は、経済的損害を被った契約者に対して保険金を給付することで、直接的に損害塡補を行う。全ての契約者から事前に拠出された保険料が保険会社内部にいったん集積された後に、必要に応じて事後的に保険金に転換される。保険の存在によって個別に発生した損害は、保険集団全体で分担されることになる。

　例えば、台風などの自然災害が発生して、多額の保険金が支払われると、一時的には保険会社の収支が悪化するため、異常危険準備金などで対応する。しかし、その準備金の不足分は、次年度以降の保険料の上昇として、最終的には多くの契約者の負担増につながる。直接的に損害を被っていない契約者も、損害の一部を負担することになる。

　第2に、「責任の社会化」とは、保険を通じて、責任が社会全体で共有されるようになることである。個人の経済活動の中で、個人の過失により他人に被害を与えた場合には、加害者は自らの行為に対して賠償責任を負わなければならない。しかし、責任保険への加入により、被害者に対する加害者本人による直接的な賠償ではなくて、保険制度を通じた間接的賠償に転換される。責任保険によって、特定個人の責任から保険集団全体の責任に転化され、加入者自身が追うべき個人責任が、保険集団における集団責任となる。例えば、自動車保有者は、自賠責保険への加入が強制されているが、自動車保有者に集団責任を負わせることで、広く被害者を救済するという政策を意図している。

　責任保険の普及・浸透につれて、被害者救済機能がより重視される傾向にある。例えば、1985年の製造物責任法（PL法）の制定により、製造者は無過失責任を負わされることになったが、その前提には製造物責任保険の存在がある。製造者に厳しい責任が問われることになったとしても、責任保険が存在していれば、賠償責任リスクに伴うコスト（＝保険料）は、結局、製品価格に転嫁されて、市場取引に内部化されることになる。また、2010年に制定された保険法では、責任保険の被害者補償の優先が規定されているが、このことは責任保険の普及と重要性を捉えた動きと見ることができるだろう。

　そして、第3は、「リスクの社会化」である。人々は、生活の安定を脅かすリスクから解放されたいと望んで保険に加入する。生活自己責任を原則とする社会においては、個人の抱えるリスクは、個人の責任で処理されるべきものである。保険を通じてリスク処理を選択するかどうかは、個人の自由選択に任されている。保険に加入する動機は、あくまでも個人的なものである。しかし、多くの人々が保険に加入することで、保険の仕組みを通じてリスクが社会化され、加入者全てが同様に経済的保障を獲得することができる。

　保険料は保険を通じてコスト化された「リスクの大きさ」を示すものである。保険料設定の方法により一定の内部補助が発生し、相互扶助性が加味される。保険料はリスク（＝社会的影響度）の大きさを示すことから、加入者は保険を通じて個人のリスクに応じた費用を負担する。

　個人的リスクが共通認識されることで保険化がなされ、社会的リスクとなるのである。つまり、保険取引のプロセスを通じて、個人的リスクは社会化されるのである。そして、保険がもたらす経済的不安からの解放という事前的かつ間接的な機能へ、社会的認識が高揚することになった。そこでは、リスク処理手段としての保険を活用することで、社会に存在する多様なリスクが社会的に共有されるのである。

　「損害」、「責任」、「リスク」における3つの社会化は、社会経済における保険機能を高め、保険の存在価値を増大させることになる。保険の社会化によって、社会的安定が確保されるとともに、個人の負担は軽減される。したがって、保険の社会化をいかに進展させるかは、国家にとっても重要な政策課題となりうる。

　そうした意味では、保険市場の規模は、保険の社会化の程度を測る指標と見ることができる。それゆえに、保険市場の規模拡大は、保険がどれだけ経済社会に機能を果たしているかを測るバロメータである。

10-2 ｜ 現代リスクと保険業

　人類の歴史は、リスクへの挑戦の歴史と言えよう。人類は、社会の発展に

218

伴って登場してきたリスクを、その都度、有効な処理手段を講じて克服してきた。そうした中で、現代社会を取り巻くリスクは、経済発展とともにさまざまな様相を呈している。それらは、次のように整理することができよう。

第1に、リスクが「巨大化」していることである。巨大リスクは、図表10-1のように分類することができる。わが国でも、毎年のように巨大な自然災害が発生しており、多大な経済的影響を及ぼしている。経済的影響が甚大となるのは、自然災害の発生が多発していることに加えて、経済発展による要因も大きい。経済成長とともに国民資産が蓄積されたことで、大規模災害による経済的損失も大きくなったのである。つまり、経済発展は、必然的にリスクを巨大化させることにつながる。

第2に、リスクが「複雑化」していることである。現代社会が高度に発展したことで、人々の生活の豊かさは向上してきたが、発生するリスクの構造が複雑化してきた。原因が明確でないリスクだけでなく、責任追及が困難なリスクも増大している。例えば、サイバーリスクなどは、デジタル社会の進展に伴って現代社会にとって大きな恐怖となっている。しかし、多くの場合、発生の原因追及は困難である。

図表10-1　巨大リスクの分類

リスク分類	特徴	事例
単発的（outbreak）リスク	一度の事故で、大規模の損害が発生	航空機事故、人工衛星事故、プラント火災、高層ビル火災　など
集積的（collective）リスク	短い期間に、広範囲に損害が拡大	台風・ハリケーン、洪水、竜巻、地震、山火事　など
累積的（cumulative）リスク	長い時間をかけて、累積的に損害が拡大	公害、環境被害、薬害事故、医療事故、パンデミックリスク、原子力災害　など
社会経済的（socioeconomic）リスク	人為的あるいは政治的な原因で、システマティックに事故が発生	テロリズム、サイバーリスク、暴動・騒擾、戦争、金融危機など

出所：堀田一吉（2014）『現代リスクと保険理論』東洋経済新報社より一部修正

　第3に、リスクが「多様化」していることである。人々の生活様式や価値観が多様化するにつれて、それに付随し発生するリスクも多様化せざるを得ない。それが新たな保障ニーズを生み出すことになる。

　第4に、リスクが「国際化」していることである。経済のグローバル化の進展により、人、モノ、金、情報が国境を越えて、交流が活発になっている。それと同時に、リスクも相互に結びつきが強くなり、影響も大きくなってきた。保険は、再保険市場や金融市場を通じて、リスクをグローバルに分散するシステムを取り込んできた。

　第5に、リスクが「社会化」していることである。現代のリスクの多くは、特定の集団だけに関係するのではなく、社会全体にとってリスクになっている。なかには、システムリスクのようにリスクが連鎖的に波及する場合もある。したがって、社会的なリスク対応が求められることになる。

　図表10-2は、現在の世界が直面しているグローバルリスクを影響度（規模）と発生可能性（確率）で表現したリスクマップである。ここでは、リスクの性質を経済、環境、地政学、社会、テクノロジーに分類している。この中で、異常気象や自然災害の脅威が非常に大きいことが注目される。さらに、テロリスクやサイバー攻撃も社会的不安となっている。

　こうした現代リスクに対して、保険業界にはこれまで築き上げてきた保険技術を用いて合理的な処理手段を提供することが期待されている。もちろん、保険技術にも限界があり、単独で対処することは困難であるが、金融技術や科学技術など他の学術領域との連携を強化することで、保険技術の活用領域を拡げることができるだろう。例えば、自然災害が多くの国々に深刻な経済的損害を与えているが、そのリスクをグローバルで処理するための保険システムを強固にすることがますます重要になっている。保険システムの合理性や効率性を高めるためには、リスクをより正確に把握することが求められるのであり、そこでは科学技術の成果に大きく依存するものである。

220

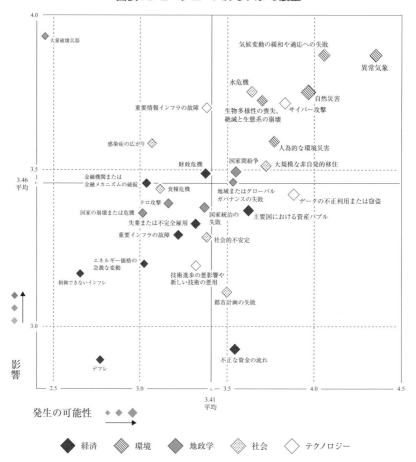

図表10-2　グローバルリスクの展望

出所：「グローバルリスク報告書2019年版」（出典元はWorld Economic Forum, *Global Risks Perception Survey 2018-2019*）

10-3 人口減少社会の到来と保険業

　保険をめぐる外部環境も大きく変わりつつある。それは、人口構造の変化、すなわち人口減少時代への突入である。戦後の保険業界は、人口増加と経済

成長の二本柱で順調な成長を遂げることができたが、2000年以降、明らかに
経済成長は鈍化している。

　さらには、人口も減少化傾向が明らかになると、保険市場の成長を支える
環境は一変した。収益の柱となってきた自動車保険の利益が減少する中で、
新たな成長分野を築き上げることが保険業界にとって緊急の課題となった。

　図表10-3は、日本の人口構造の推移と将来推計を示したものである。わ
が国の人口は、戦後直後は約7,200万人であったが、その後にいわゆる「団
塊の世代」と呼ばれる1947年から1949年生まれの戦後ベビーブーム（3年間
で約800万人が誕生）が訪れて、人口増加の時代に入った。その後、わが国は
急速に高齢化社会へ進んでいく。1970年に高齢化率が7％を超え、高齢化社
会（aging society）に突入する。高齢化はその後も急速に進み、1994年には
14％を超えて高齢社会（aged society）に入り、世界に類を見ないほどの高齢
化が進行した。この過程で、公的年金において国民基礎年金が導入され、高
齢化社会への備えが図られることになった。その流れの中で、生命保険に対
するニーズは「死ぬリスク（遺族保障）から生きるリスク（生存保障）」へ向かっ
た。保険の商品開発も、個人年金や医療保険において進められた。

　1990年に入ると、「1.57ショック」と呼ばれる合計特殊出生率の急速な低
下を経験し、高齢化に加えて少子化が同時並行的に進んでいった。少子化と
いう用語は、高齢化の対語として登場してきたものであり、1992年に公刊さ
れた『国民生活白書』において初めて使用されたとされている。そして平成
不況のあおりを受けて、少子化傾向はさらに加速し、とうとう2008年に人口
減少社会にという新たな局面に突入したのである。そして、この傾向は加速
度を増し、2050年頃には1億人を下回る水準にまで減少することが予想され
ている。

　これまで人口ボーナス（population bonus）によって成長が牽引されてきた
日本経済であったが、一転、人口オーナス（population onus）に苦悩する時
代に入っていく。人口オーナスとは、従属人口比率が高まる局面、すなわち
働く人よりも支えられる人が多くなる状況である。日本では、高齢者が多く
ない中で戦後のベビーブーム世代が生産年齢人口に入っていく1950 ～ 70年

222

図表10-3　わが国の人口構造の推移と将来推計

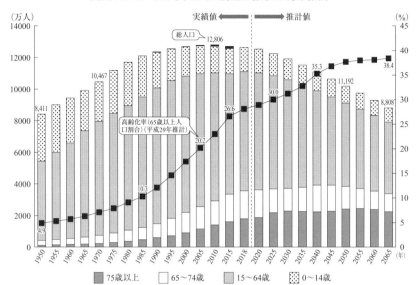

資料：棒グラフと実線の高齢化率については、2015年までは総務省「国勢調査」、2018年は総務省「人口推計」（平成30年10月1日確定値）、2020年以降は国立社会保障・人口問題研究所「日本の将来推計人口（平成29年推計）」の出生中位・死亡中位仮定による推計結果。

注1：2018年以降の年齢階級別人口は、総務省統計局「平成27年国勢調査　年齢・国籍不詳をあん分した人口（参考表）」による年齢不詳をあん分した人口に基づいて算出されていることから、年齢不詳は存在しない。なお、1950年〜2015年の高齢化率の算出には分母から年齢不詳を除いている。

注2：年齢別の結果からは、沖縄県の1950年70歳以上の外国人136人（男55人、女81人）および1955年70歳以上23,328人（男8,090人、女15,238人）を除いている。

注3：将来人口推計とは、基準時点までに得られた人口学的なデータに基づき、それまでの傾向、趨勢を将来に向けて投影するものである。基準時点以降の構造的な変化等により、推計以降に得られる実績や新たな将来推計との間には乖離が生じうるものであり、将来推計人口はこのような実績等を踏まえて定期的に見直すこととしている。

出所：内閣府『高齢者白書（令和元年版）』より一部修正

頃が人口ボーナス期にあたり、少子高齢化が顕著になってきた1990年頃から人口オーナス期に入ったとされる。

　人口オーナスによって生じる問題としては、労働力人口の減少や引退世代の増加に伴う貯蓄率の低下により長期的な成長力が低下したり、働く世代が引退世代を支える社会保障制度の維持が困難になったりすることなどが指摘されている。あらゆる産業は、人口構造に影響を受けるが、とりわけ人々の生活に密着した保険業は、その影響を大きく受ける産業である。保険業界では、人口減少の過程で新規契約の伸びが鈍化することになった。

　人口減少時代の到来は、保険業界に意識改革を迫ることになった。従来までの少品種で大量に売るというビジネスモデルを見直して、個人の多様なニーズに対応した多品種で少量の保険を取り扱うことを目指さざるを得なくなった。

　戦後の保険業界は、大量の契約を獲得するために、人海戦術的販売戦略をとってきた。大量の営業職員を採用し、きめ細かい戸別訪問を通じて、契約を獲得してきた。しかも、保険商品の種類が少なかったので、開発コストも低く抑えられていた。規模の経済性を最大限に引き出すために、大量に販売することで、経営効率を高めることが可能であった。

　これに対して、近年では人々の保障ニーズが多様化し、さらに人口減少に伴って、多種多様な商品を提供することになれば、開発コストはかさむことになろう。また、多様化・複雑化した個々の保険契約を保全管理することは、コストを伴うものと考えられる。この開発コストをいかに抑えるかが大きな課題ではあるが、近年の情報通信技術（ICT）の進展は、負担軽減に大きく寄与する可能性が期待されている。ICTを利用して個別に多様な情報を収集することで、よりきめ細かい保険商品の開発が可能となるであろう。

10-4 グローバリゼーションと保険業

　近年、日本の保険会社は、積極的な海外進出を展開している。保険会社は、全収益に占める海外収益のシェアを急速に拡大させており、海外事業への経

営依存を高めている。その背景には、国内保険市場の縮小と発展途上国の成長性を見込んだものと理解できる。

　元来、保険はドメスティック（国内志向）性が高いとされる。その理由としては、次のようなことが考えられる。第1に、保険事業は免許事業となっていることである。監督官庁は、法律に基づいて保険会社の経営を監督する必要がある。したがって、外国保険会社も、本国の法律ではなくて、当該国の法律に従わなければならない。政府は、国民利益の保護を第一義的な目的として法律を制定している。

　第2に、保険設計に利用される統計数値は、主として国内で収集されるものである。例えば、生命保険が依拠する生命表は、国民生活の動向から作成されたものである。国民は、外国人と比較したとき、生活スタイルや食生活など共通した部分が多く、国内に限定して収集された統計のほうが信頼性は高い。同様に、自動車保険においても、事故統計は道路事情や自然環境など固有の交通環境に影響を受けている。したがって保険統計は、世界共通で利用できるものではなく、国ごとに収集されなければならない。

　第3に、社会保障制度をはじめとする社会システムとの関連性が大きいことである。社会保障制度は、それぞれの国で独自を運営している。例えば、民間医療保険は、公的医療保険との関係の中で保障内容が定められている。個人年金も公的年金の補完的役割を担う存在であり、しばしは年金制度改革に影響を受ける。全ての国に共通の保険を設計することは難しい。

　第4に、保険の普及はその国の経済発展の状況に依存しやすい。国民生活に保険が深く浸透するためには、所得水準が保険料負担可能な状態に到達していなければならない。日本でも、戦後に国民所得が上昇するにつれて、徐々に保険加入の条件が整っていった。それぞれの国の発展段階を見据えた参入方法が必要である。

　第5に、保険に対するニーズは国民性に大きく影響することである。しばしば「日本人は保険好きな国民である」と言われるが、保険の普及度は諸外国と比較してもかなり高い傾向がある。その中でどのような保険を選好するかは、国民性と深く関わるところがあり、それぞれの国民性にあった保険商

品の開発が求められる。

　保険会社は、以前より海外の金融市場で資産運用を行っており、その範囲では国際的な取り組みを行っていた。しかし、近年の動向としては、海外の保険会社を買収したり資本参加したりするなど、積極的な海外展開を見せている。つまり、海外の保険会社に資本を投下し、経営に参画して、その会社の成長性や収益性に期待するものである。

　こうした経営参加は、海外投資と比較すると収益性がより高い半面、経営リスクは大きい。2015年以降、日本の生命保険会社は相次いで海外の保険会社を買収したが、その際に多くは買収先企業の経営陣をそのまま残して、従来どおりの経営方針を引き継ぐという方法をとっている。保険はドメスティック性が高いので、海外進出するにあたっては、当該国の経済事情に合わせた商品開発が必要であるが、そのための経営体制を作ることにはさまざまな困難を伴う。

　一般的に、海外進出は、いったん進出すると容易に撤退できず、いわゆるサンクコスト（埋没費用）が大きい。むしろ長期的視点に立って、進出国の国民といかに信頼関係を築き、人々に受け入れられるために何をすべきかを考えなければならない。今後、さらに積極的に海外展開を進めるにあたっては、海外事業に精通した人材をいかに育成するかが大きな課題と言えよう。

　他方、こうしたグローバルな事業が活発化する中で、国際的な保険市場を安定化させるためのルール作りも進められている。保険監督者国際機構（IAIS: International Association of Insurance Supervisors：1994年設立）は、国際会計基準（IFRS: International Financial Reporting Standards）が導入されることに伴って、保険会計における「経済価値ベース」による時価主義の導入の方向にある。この背景には、保険自体はドメスティックであっても、保険会社はグローバル化の中で経済活動を行っていることから、グローバルな投資家に対する統一的な情報開示が求められていることがある。

　さらに現在、IAISは「国際的に活動する保険グループ（IAIGs: Internationally Active Insurance Groups）」の監督のための共通の取り組み（ComFrame）を制定して、各国の監督プロセスの比較可能性の基盤を提供し、国際的な競争秩

序を構築するためのルール作りを進めている。

　リスク自体もグローバルに影響が及ぶ現代において、そのリスクをコントロールするために、国際的な協力体制が不可欠となっている。しかし、それぞれの国によって、保険行政が異なり、また国民の認識もさまざまである中で、国際的などのようなルールを策定すべきか、今後ますます難しい時代を迎えるものと思われる。

10-5 ｜ デジタル化時代と保険業

　ビッグデータならびにAI（人工知能）などのデジタル化時代の到来は、医療保険や自動車保険をはじめとして保険業界全体に大きなインパクトを与えようとしている。保険会社のインシュアテックに対する取り組みも本格化しており、すでに健康増進保険やテレマティクス自動車保険など、インシュアテックを応用した新しい保険商品を開発・販売し始めている。また、契約管理や査定プロセスなどにも新技術を導入し、経営効率の向上に努めている。

　デジタル化の発展は、保険業全体にさまざまな活用と効果が期待できる。すなわち、①新商品開発（インシュアテックの応用）、②新しい事業領域の拡大と他業界との連携協力、③付加的サービスの向上（健康管理・事故防止に関する情報提供）、④アンダーライティングプロセスの見直し、⑤経営効率の向上（事業費や人件費の削減）、⑥大量の顧客データ管理とその応用可能性など、ビッグデータ技術を活用することで、保険業の発展に大きく貢献することが考えられる。

　デジタル化時代の保険業は、従来までの保険業に大きな変革を迫ることが予想される。大きなパラダイム転換が発生する可能性がある（図表10-4）。従来型の保険業は、多くの人材を投下して大量販売を行うことで保険経営の安定化を図り、収益性を確保してきた。消費者も、受動的な保険選択が中心であり、保険会社に依存してきたと言えよう。これからの保険業は、かなりの業務がデジタル化されて、人材は必要な部署に集中的に配属されるであろう。同時に、保険商品の選択においても、消費者はデジタルを活用すること

図表10-4　デジタル化時代の保険業

	これまでの保険業	デジタル化時代の保険業
保険商品	・レディメード型保険 ・既製された保険商品 ・少種類大量の保険契約	・オーダーメード型保険 ・カスタマイズされた保険商品 ・多種類少量の保険契約
販売 チャネル	・営業職員、代理店チャネルが中心 ・銀行窓口販売、来店型保険ショップ、ネット保険・ダイレクト型保険の登場	・最適チャネルミックスの構築 ・プラットフォーム企業の介入 ・コンサルティングセールス ・自動化、オムニチャネル
消費者	・保険営業による選択購入 ・受動的な保険加入 ・保険リテラシーの格差	・自動的・能動的な保険加入 ・デジタルユーザーの増加 ・保険リテラシーの向上
経営リスク 管理	・伝統的な保険販売、顧客管理 ・告知情報に基づくリスク管理 ・静的リスク管理	・テレマティクスやウェアラブル端末などのテクノロジーを駆使した顧客管理 ・シェアリングエコノミー保険やP2P保険など、新しいビジネスの台頭 ・動的リスク管理
競争環境	・国内中心の同業他社との競争 ・伝統的な保険会社が市場を支配	・グローバルな同業他社との競争 ・異業種からの保険市場参入 ・プラットフォーム企業の参入
監督・規制	・護送船団行政 ・商品規制、料率規制 ・顧客本位の業務運営	・透明性の高い自主規制 ・グローバルスタンダードによる規制 ・アンダーライティングの自由化

出所：筆者作成

で、保険会社から切り離されて独自の判断に基づいた保険選択が可能となる。

こうした中で、保険監督者国際機構（IAIS）が2017年2月に発表した *Fintech Developments in the Insurance Industry* と題するレポートは、保険業界に衝撃を与えることになった。ここでは、デジタル化時代の到来により保険業界に及ぼす影響について、3つのシナリオが示されている。すなわち、シナリオ①は最も楽観的なシナリオで、保険会社がstart-up企業と提携し、市

228

場支配力を保ちながら顧客関係を維持する。シナリオ②は、一体的に運営してきた保険業のバリューチェーンが弱体化して保険会社の主体的コントロールが不可能になる。シナリオ③は、巨大IT企業が圧倒的な支配力を駆使し、保険会社はシステムに組み込まれ、リスク引き受けにおいて部分的役割を担うに留まる。デジタル化時代は、保険業の事業領域を大きく拡大させる可能性がある一方で、他業種による保険業参入により、これまでの保険業界の産業的地位が脅かされる恐れもある。

　デジタル化時代において保険会社が優位性を持ち続けるためには、高度な専門性を持ち続けると同時に、保険業界にとどまらず、積極的に他業界との連携を図ることも重要になるだろう。「攻撃は最大の防御」あるいは「ピンチはチャンス」という言葉もあるように、保険業界は、現在の事業領域を守ることに奔走するのではなく、むしろ、保険技術を中核（コア）としながら、新たな付加価値を創造する方法を模索しなければならない。

自習用研究課題

1. 保険の発展とともに、保険の社会化はどのように進展してきたか。具体的な事例を挙げながら考察しなさい。
2. 現代社会におけるリスクはどのような特徴があるか。これに対して、保険はどのようなアプローチをしているかを考察しなさい。
3. 人口減少社会の到来は、保険業にどのような影響を及ぼしているか。さらに、保険業はどのような対応をすべきかについて考察しなさい。
4. デジタル技術の進展が、保険業にどのような影響を及ぼしているか。さらに、保険業は、どのように対応すべきかについて考察しなさい。

参考文献

甘利公人＝福田弥夫＝遠山聡（2020）『ポイントレクチャー保険法（第 3 版）』有斐閣.

石田重森（1991）『生命保険の理論』東洋経済新報社.

石田満（2018）『保険業法』文眞堂.

大谷孝一＝中出哲＝平沢敦編著（2012）『はじめて学ぶ 損害保険』有斐閣ブックス.

金澤理（2018）『保険法』成文堂.

亀井利明（2005）『保険総論［補訂版］－リスクマネジメントと保険の理論－』同文舘出版.

亀井利明＝亀井克之（2009）『リスクマネジメント総論［補訂版］』同文舘出版.

木村栄一＝大谷孝一＝落合誠一編（2011）『海上保険の理論と実務』弘文堂.

近藤文二編（1970）『保険の基礎理論』千倉書房.

近見正彦＝堀田一吉＝江澤雅彦編著（2016）『保険学（補訂版）』有斐閣.

下和田功編（2014）『はじめて学ぶリスクと保険（第 4 版）』有斐閣ブックス.

田畑康人＝岡村国和編著（2011）『人口減少時代の保険業』慶應義塾大学出版会.

田畑康人＝岡村国和編著（2020）『読みながら考える保険論（第 4 版）』八千代出版.

トーア再保険株式会社編（2011）『再保険 その理論と実務（改訂版）』日経BPコンサルティング.

出口治明（2009）『生命保険入門（新版）』岩波書店.

庭田範秋（1960）『保険経済学序説』慶應通信.

庭田範秋（1996）『新保険学総論』慶應義塾大学出版会.

庭田範秋（1998）『新種保険論』慶應義塾大学出版会.

庭田範秋（2010）『保険理論の展開（復刻版）』慶應義塾大学出版会.

堀田一吉（2003）『保険理論と保険政策－原理と機能－』東洋経済新報社.

堀田一吉（2014）『現代リスクと保険理論』東洋経済新報社.

堀田一吉編著（2006）『民間医療保険の戦略と課題』勁草書房.

堀田一吉＝岡村国和＝石田成則編著（2006）『保険進化と保険事業』慶應義塾大学出版会.

堀田一吉＝山野嘉朗編（2015）『高齢者の交通事故と補償問題』慶應義塾大学出版会.

松島恵（2008）『損害保険入門』成文堂.

真屋尚生（1991）『保険理論と自由平等』東洋経済新報社.

真屋尚生（2004）『保険の知識（第 2 版）』日本経済新聞社

水島一也（2006）『現代保険経済（第 8 版）』千倉書房.

リンダ・グラットン＝アンドリュー・スコット（2016）『LIFE SHIFT（ライフシ
　　　フト）』東洋経済新報社.

安井信夫（1997）『人保険論』文眞堂.

柳瀬典由＝石坂元一＝山﨑尚志（2018）『リスクマネジメント』中央経済社 .

山下友信＝竹濱修＝洲崎博史＝山本哲生（2019）『保険法（第 4 版）』有斐閣アルマ.

山下友信（2005）『保険法』有斐閣.

山下典孝（2019）『スタンダード商法 III 保険法』法律文化社.

米山高生（2012）『リスクと保険の基礎理論』同文舘出版.

李洪茂（2019）『リスクマネジメント論』成文堂.

Mark S. Dorfman and David A. Cather, 2013, *Introduction to Risk Management and Insurance*, Pearson.

Scott E. Harrington and Gregory Niehaus, 2007, *Risk Management and Insurance*, McGraw-Hill.

George E. Rejda and Michael J. McNamara eds., 2017, *Principles of Risk Management and Insurance*, Pearson.

Harold D. Skipper and W. Jean Kwon, 2007, *Risk Management and Insurance: Perspectives in a Global Economy*, Wiley-Blackwell.

索　引

236

堀田 一吉（ほった　かずよし）

慶應義塾大学商学部教授
島根県松江市生まれ。1984年慶應義塾大学経済学部卒業、1986年同大学
大学院商学研究科修士課程修了、1989年同博士課程単位取得後、慶應義
塾大学商学部助手、助教授を経て、2002年より現職。
専門分野：保険学、保険政策論、リスクマネジメント論
主要業績：『現代リスクと保険理論』（東洋経済新報社、2014年）、『保険
理論と保険政策——原理と機能』（東洋経済新報社、2003年）、『保険学
補訂版』（共編著、有斐閣、2016年）、『高齢者の交通事故と補償問題』
（共編著、慶應義塾大学出版会、2015年）、『民間医療保険の戦略と課
題』（編著、勁草書房、2006年）、『保険進化と保険事業』（共編著、慶應
義塾大学出版会、2006年）、等。

保険学講義

2021 年 2 月 27 日　初版第 1 刷刊行

著　者─────堀田一吉
発行者─────依田俊之
発行所─────慶應義塾大学出版会株式会社
　　　　　　　〒108-8346　東京都港区三田 2-19-30
　　　　　　　TEL　〔編集部〕03-3451-0931
　　　　　　　　　　〔営業部〕03-3451-3584〈ご注文〉
　　　　　　　　　　〔　〃　〕03-3451-6926
　　　　　　　FAX　〔営業部〕03-3451-3122
　　　　　　　振替　00190-8-155497
　　　　　　　http://www.keio-up.co.jp/
装　丁─────後藤トシノブ
印刷・製本──株式会社加藤文明社
カバー印刷──株式会社太平印刷社

Printed in Japan　ISBN 978-4-7664-2724-0

慶應義塾大学出版会

慶應義塾保険学会叢書
高齢者の交通事故と補償問題

堀田一吉・山野嘉朗編著　高齢者をめぐる交通事故の現状と特徴を分析、海外の事例を紹介しつつ、その補償方法を考察する。高齢者を排除しない交通社会の構築に向け、保険の役割を問い直す。生損保実務家に必読の書。　　◎3,000 円

慶應義塾保険学会叢書
人口減少時代の保険業

田畑康人・岡村国和編著　人口減少が保険事業に与える影響に着目し、保険商品・サービス開発、ビジネスモデル、経営戦略、海外進出、保険行政など最新の動向を紹介し、戦略・政策提言を行う。研究者・実務家による共働研究。　　◎3,000 円

慶應義塾保険学会叢書
保険学のフロンティア

石田重森編著　理論・思想研究からコーポレート・ガバナンス、事業イノベーションなどの経営課題へ、そして法制度・判例分析、さらには国際動向の検討まで、学際的協働により保険学と保険事業の新たな地平を切り拓く！
◎3,600 円

表示価格は刊行時の本体価格（税別）です。